討喜的人
99%贏在懂得回話

讀懂人心，讓人放心！

三言兩語贏得好人緣的
職場機靈說話術

橫山信弘 著
韓宛庭 譯

キミが信頼されないのは話が「ズレてる」だけなんだ

目錄

前言　三言兩語贏得好人緣的職場機靈說話術……10
十秒搞定！「對話偏差度」自我檢測……15

不知不覺便失去信賴!?
「讓人放心」很重要！你曾經用這些方式說話嗎？

1 對話總會不知不覺就偏離話題？……18
2 溝通出現雞同鴨講的「兩個原因」……21

3 老是抓不到重點，偏離話題的「三種模式」……24
4 一分鐘校正對話偏誤！「快速對焦」三步驟……31

首先要仔細聽「對方的話語」及「指示」
掌握「聆聽的技巧」，就能避免答非所問

1 「答非所問」的真正原因在於……36
2 脫離對話上的「錯誤迴圈」……44
3 坐姿決定了九成的好感度！……48

4 跟企業教練和心理師學「聆聽習慣」……52
5 用「咚、咚、噠——！」的節奏說話……58
6 回應時善用「三好」＋「感嘆詞」……63
7 養成「認真聆聽的習慣」，就會越來越上手！……66

3章

消除「認知偏差」，是對話好感度的關鍵

與人對話時，這些「確認」千萬不能省！

1 經營「人際關係」應該注意的要點……72

2 掌握「確認」訣竅，不再老是被問「懂了嗎？」……75
3 隨時可以用來對焦的「兩個提問句型」……78
4 無法一次到位沒關係，重新瞄準「靶心」就好……81
5 對話建立的重要基礎：步調要保持一致……85
6 確認即戰力！必須常備的兩樣武器……90
7 展現「筆記技巧」，讓對方說得更起勁！……93
8 忘記確認時，用「閒聊商量法」進行補救……100
9 「附帶一提作戰」是實用妙招……105

說話沒重點、容易離題的人看過來！

學習更流暢精準的表達方式

1 容易產生誤解的說話方式是……110

2 兩大原則：「不遺漏」、「仔細說」……113

3 最後要明確地「把話說完」……116

4 用「4W2H」拆解模糊的語意……120

5 留意「這個、那個」帶來的陷阱……125

6 最好的表達，是能讓對方徹底理解語意……129

7 容易離題的人有三個共同點……134

8 主語和述語不要離太遠……138
9 「先說結論」作為開場……142
10 避免混淆重點！「舉例」盡量放最後……147
11 確保不離題的「鐵軌表達術」①SDS法……151
12 確保不離題的「鐵軌表達術」②PREP法……155
13 確保不離題的「鐵軌表達術」③DESC法……159

5章

「你果然懂我！」是大加分的評價

區分「錯誤的提問」與「討喜的提問」

1 被當成「狀況外」會大大扣分……164

2 極力避免！對話地雷區的五種扣分提問……168

3 「必知情報」有哪兩項？……180

4 有助於提問的三個「基本資訊」……182

5 學會「情報收集」的技巧……186

6 不知道就太可惜了！提問的三大功能……191

6章

贏得關鍵人物和重要人士的信賴！

瞬間拉近距離的進階說話術

1 如何按下對方的「話匣子開關」……206
2 學會兩個「必勝模式」，任何人都想跟你再多說一點！……212
3 就算話不多也沒問題！讓人「無私分享」的三大招……221
4 用這招引導對方說出真心話……233
5 想要「真的懂得聆聽」，只需掌握一個重點！……237
6 了解對方的心情，就能贏得莫大的信賴……241
結語 掌握「精準對焦」的說話術，一開口就有好人緣……250

前言

三言兩語贏得好人緣的職場機靈說話術

所有人都為對話不順而煩惱

「話說到一半就被打斷。」

「對方指示不清，不知道該怎麼做。」

「說話時對方臉上出現問號。」

「明明按照對方指令去做，卻被質疑沒有專心聽人講話。」

在兩、三百人參加的線上座談會上，我不時會詢問觀眾：「什麼事情會讓你感到職場壓力？」前述這些就是年輕員工最常提到的煩惱。

相對地，組織幹部則會提出以下三個問題：

「組員都不仔細聽人說話。」

「常常離題。」

「彼此認知不同。」

上述情形，你是否也曾遇到過呢？

無論是新進菜鳥還是資深上班族，提出的職場煩惱絕大多數與「溝通不良」或「對話無法順暢進行」有關。

的確，「雞同鴨講」是很頭痛的問題。職場上的對話一旦出現差錯，連日常業務都會窒礙難行。

更別提是和外部客戶溝通聯繫，引發的問題不容小覷！一個不小心，雙方的信賴關係就會出現裂痕，導致整個計畫案泡湯。

對話出錯的原因究竟是什麼？

既然如此，應該如何解決呢？

解決對策很簡單，只要掌握「重複確認」、「精準表達」和「提問方法」三大要點，就能消除許多對話的誤會和阻礙！

而且每一招都能立即見效。

對話出現偏差有各種原因，**最主要的原因是，其中一方沒有表達清楚**。像是省略了「前提」，或是使用了不清不楚的說法，都會導致答非所問。

因此，**「重複確認」至關重要**。

只要多講一句話確認一下，就能抓住話題的核心，知道應該針對什麼事情、做出怎樣的回答，如此一來，就不會發生「雞同鴨講」的尷尬場面了。

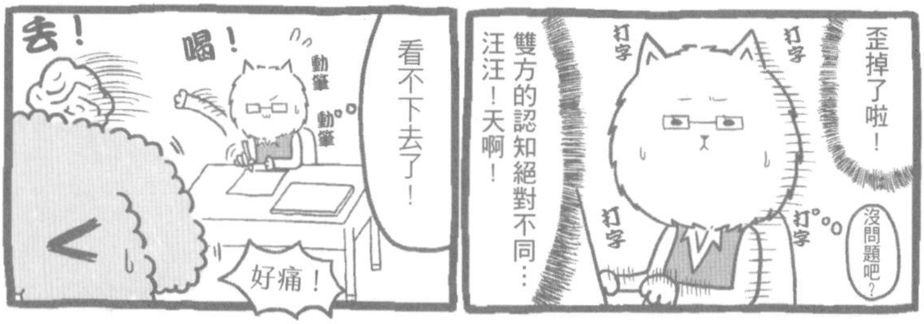

除此之外，也有不少人因為一次說太多而偏離主旨，或是因為漏聽、自以為是等原因做出「錯誤回答」。這類人請務必讀讀看本書傳授的「聆聽方法」。

備受信賴的人，做事特別容易成功！

無論什麼話題，重點都是「重複確認」。只要學會「確認的時機」，稍加修正說話的方法，就能解決雞同鴨講的問題。

這比磨練說話技巧還簡單，也更容易實踐。

針對這門回話的藝術，本書將詳細介紹立即見效的45個攻略要點。

每一個方法都是我長年擔任顧問經常使用的精華，不僅讓我與客戶瞬間締結信賴關係，還能巧妙引導出他們的真心話，全是超實用的溝通技巧。

這是什麼？
錯誤迴圈…
如何脫離對話的錯誤迴圈
總之先問清楚
首先…
讓對方知道你有在聽！
誇張一點也沒關係，
用全身表達盡力強調
「我在聽」。
總而言之，先試試吧…
是！
是！
原來如此。
我明白了！
是！
我知道！

只要學會本書介紹的溝通要領，就能大幅降低日常對話造成的困擾與壓力。

你將從一個常常說錯話、表錯情的「冒失鬼」，**搖身變成大家眼中最善解人意的「肚裡小蛔蟲」，從此工作事半功倍、高效順暢。**

你在職場上的人際關係也會如魚得水，**一定常有客戶會對你說：「看見你就會不小心說出真心話。」不僅如此，還能贏得核心人物及重要人士的莫大信任。**

無論你即將成為社會新鮮人，或者已經在職場上打滾數年，甚至正考慮要轉換跑道，本書的內容都能幫到你。

想要贏得好人緣、把話說到人的心坎裡，就趕快翻開書頁，學會避免「雞同鴨講」的聰明溝通技巧吧。

他這次有專心聽我說話耶！
以後多跟他聊天吧！
你今天很認真喔。
哇！被稱讚了！
讚！

十秒搞定！「對話偏差度」自我檢測

想要確認自己是否受到信賴，和別人對話時，可以仔細觀察對方的口頭禪。
如果你聽過下列句子，可能就要多加留意。
也許，你已經被貼上「狀況外」的標籤！

- ☐ 被問進度：「那個案子處理得怎麼樣了？」
- ☐ 被質疑：「你有在聽我說話嗎？」
- ☐ 被閃避：「你可以自己去問嗎？」
- ☐ 被打斷：「好，先不提這件事……」
- ☐ 被說：「他是很努力啦，可是……」遲遲無法獲得肯定。

有任何一項打勾，很可能是平時的說話習慣出了差錯。
不用擔心，現在我們馬上來進行補救吧。

1 章

「讓人放心」很重要！你曾經用這些方式說話嗎？

1

對話總會不知不覺就偏離話題？

汪汪公司
啾啾…
啾啾…
之前發的問卷調查收到許多意見反應「新產品不優」，
因此，我認為應該針對這點好好改良…
靜悄悄——
所謂的不優，具體是哪裡不優？
…
好好改良，是要改良什麼？
呃…咦？大家怎麼了？
這孩子…完全不知道問題出在哪裡呢。

話題一旦失焦，會讓人沒心情接話

明明拼命回答了，對方卻毫無反應。

有時露出「蛤？」的表情，有時只說「我和你話不投機」。

或是感覺愛理不理、話說到一半打斷你，甚至不想聽你的意見等等……

有過上述經驗的人，請小心。

可以確定，你和對方的對話沒有交集。

但是，對話至少要有兩人才能成立，就算話題不小心失焦，你也不用太過沮喪，

因為，責任不在你一人身上。

「防止話題失焦的方法」確實存在！

話雖如此，放著不管可能會被對方認為「這傢伙老是狀況外」，就此失去對你的信任。

那麼，好好一個話題究竟為何會聊偏了？如何避免話題聊到歪掉？我們可以先把應對方法學起來。

別擔心，失焦的對話很容易就能修正回來。

只要掌握回話的訣竅，任誰都能輕鬆上手、立即實踐，請一定要試試看。

你的人生將從今天開始煥然一新，成為人人稱讚、並且備受信賴的可靠夥伴。無論跟誰聊，大家都會覺得：「你果然很懂我！」

CHECK

說話常常搞錯重點，久了就會失去信賴。

2 溝通出現雞同鴨講的「兩個原因」

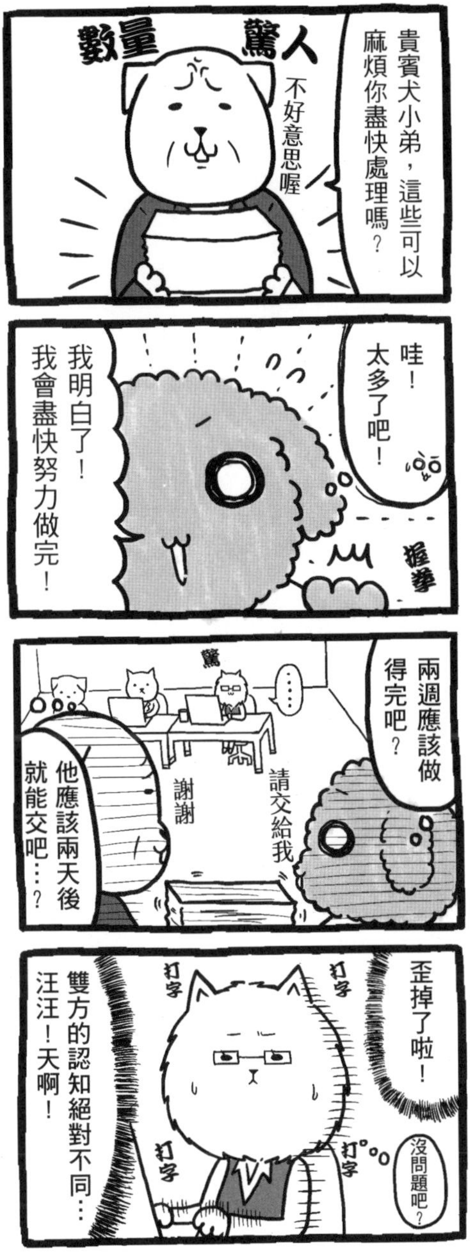

雞同鴨講是這樣產生的

對話會雞同鴨講的最大原因來自：某一方「話沒說清楚」。溝通的時候，只要描述得不夠具體，或是使用了模稜兩可的說法，都會導致雙方的認知出現落差。

如果眼前的對話目標是模糊的，很容易就會走向雞同鴨講的局面。

舉例來說，你是否聽過上司說出這些話呢？

「做徹底一點。」

「要積極應對。」

「現在這樣就可以。」

許多人在聽到命令的當下沒有多想，等到實際開始做才驚覺「不知道具體來說該怎麼做」。

同樣地，當客戶做出以下要求：

「請提出符合本公司的提案。」

「如果可以，請盡快開始。」

「在關鍵的地方力道不足。」

相信多數人也不知道重點應該放在哪吧？

類似的句型不勝枚舉，只要對方描述得「不夠詳細」，聆聽者的腦袋就會接不上線，難以掌握重點。

還有，人在說話時往往會「省略」，別小看這些「省略」的殺傷力，這是話題偏掉的第二大原因。因為細節被省略了，聽的人沒有收到應該先知道的資訊，當然也就糊里糊塗地以為自己知道了。這些都會加深對話的鴻溝。

CHECK

模糊的句子和省略的習慣，會使雙方的認知出現落差。

3

老是抓不到重點，偏離話題的「三種模式」

了解話題偏離的原因，對症下藥

在補救走歪的對話之前，請先記住話題偏離的三種模式：

①反射
②自以為
③知識不足

接著，我們一個一個來看吧。

①反射

反射，是指聽完對方的話之後，反射性地脫口回答。每個人或多或少都有經驗。

「要盡快喔！」聽見這句話，就會反射性地回答：

「好！」

「知道了嗎？」一被這麼問，也會反射性地答覆：

「知道了！」

因為都是反射性地脫口而出的話，也因而失去了確認的時機。

所以，此時請先暫停一下，仔細思考「一口答應」真的好嗎？

容我再次強調，人在說話時，本來就不會「說清楚」，甚至常有「省略」的習慣。我想，百分之九十九的人都不會把該說的資訊說得一清二楚，就連有義務對病患說明病情的醫師，都無法做到「百分之百完全傳達」。

因此，我們要先停下來思考：

「對方的指示是否清晰明瞭？」

「中間有沒有遺漏了什麼？」

藉此避免雙方的對話出現落差。

➡關於這點將在第二章和第三章進行解說。

②自以為

人一旦先有了自己的想法，雙方之間溝通的認知就會出現落差。我們來比較看看，這跟反射的例子有何不同吧。

反射的例子是：

「去讀點對工作有幫助的書。」

「好的，我會！」

「等等，你知道什麼是對工作有幫助的書嗎？」

「啊……不，我其實不知道，可以告訴我嗎？」

在反射的例子裡，說話者和聆聽者比較容易立刻察覺問題點。回答者也會很快知道自己「答錯方向了」。

然而，**在自以為的例子上，即便說話者再次確認，也很難修正錯誤。**

「去讀點對工作有幫助的書。」

「好的，我會！」

「等等，你知道什麼是對工作有幫助的書嗎？」

「我當然知道。」

由於聆聽者自以為懂了，導致雙方無法即時察覺認知上的差異，此時必須由聆聽者再次確認，才有可能修正錯誤。

請養成習慣，把自己理解的資訊「仔細地說出來」，如此一來，雙方才能建立有效的對話。

⬇這部分將在第四章進行更進一步的解說。

③知識不足

知識不足是溝通大敵。若是缺乏相關知識，連要聽出正確的字句都有困難，一旦聽錯將難以補救。

我曾遇過一位新人，聽見客戶說「可以幫我assign這個計畫嗎？」，結果跑去聯絡公司裡的「淺井（asai）先生」。他不知道「assign」是請他指派的意思，以為客戶「想找淺井先生參與計畫」，因此鬧了大烏龍。

這種聽錯句子而誤解語意的情況，往往無法重複確認。

我們的確應該多加熟記基本商業術語和業界行話，但光是這樣是不夠的。為了彌補知識與情報量的不足，我們還是得善用「提問力」來進行溝通。

平時習慣多記幾個有效的提問方式，就能有備無患。

⬇這部分將在第五章進行解說。

CHECK

與人交談時，要對「反射」、「自以為」、「知識不足」有所意識，並且即時反應。

4 一分鐘校正對話偏誤！「快速對焦」三步驟

首先養成這些回話習慣

了解在對話中會造成溝通不良的三種回話模式後，我們該如何進行補救呢？之後會陸續在各章節詳細介紹，現在先教大家立即見效的「快速對焦三步驟」。

①當場確認！

修正錯誤最簡單有效的方法就是當場「確認」。

請戒掉「我先試試看」、「我努力看看」等「照單全收」的壞習慣，並且養成當場確認的習慣。

②具體化！

確認時請留意「數字」和「專有名詞」。如果你很容易因為「我以為……」、

「都是老闆沒有說清楚」而心生不滿，以後請多留意這兩點，並記得提問及確認。

③常識要做筆記！

如果還不熟悉一個職場環境，所謂的社會常識、業界情報、職場獨有的文化，覺得一切都像個謎，這是正常的。

事前做功課雖然很重要，但難免會有遺漏之處，很難一次就學習到位。因此，遇到不知道的地方請隨時做筆記，慢慢記住。

CHECK

貫徹「快速對焦三步驟」，就能有效消除溝通上的錯誤應對與認知差異。

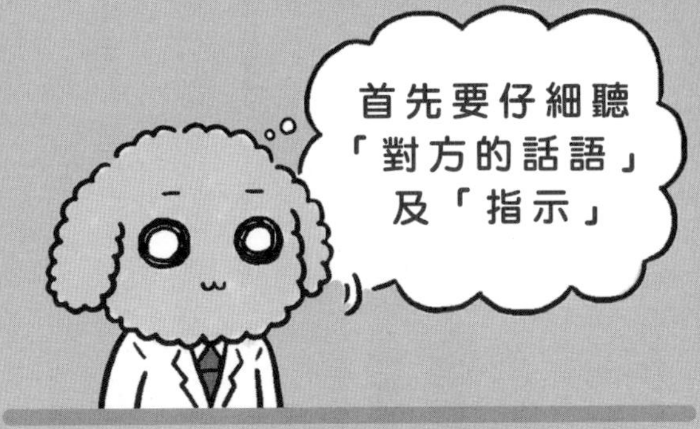
首先要仔細聽
「對方的話語」
及「指示」

掌握「聆聽的技巧」，就能避免答非所問

2 章

1

「答非所問」的真正原因在於……

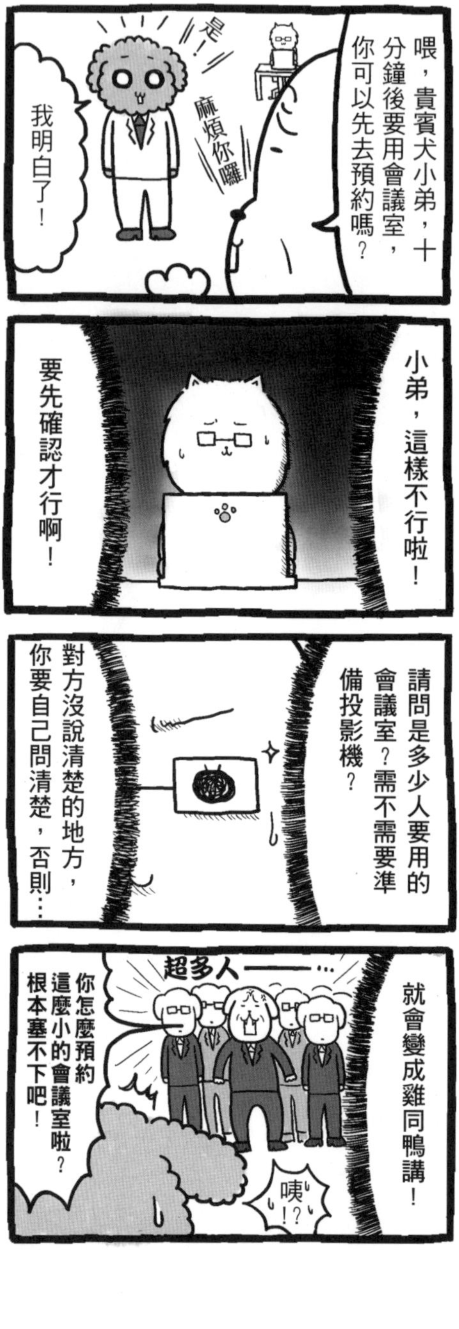
喂，貴賓犬小弟，十分鐘後要用會議室，你可以先去預約嗎？
是！
麻煩你囉
我明白了！
小弟，這樣不行啦！
要先確認才行啊！
請問是多少人要用的會議室？需不需要準備投影機？
對方沒說清楚的地方，你要自己問清楚，否則…
就會變成雞同鴨講！
超多人——…
你怎麼預約這麼小的會議室啦？根本塞不下吧！
咦！？

多數人不會把話完全說清楚

溝通不順的最大原因，是對方沒有把話說清楚，例如省略了「前提」，或是使用了模棱兩可的說法。為了避免溝通誤會，我們一定要徹底防堵這件事。

請看以下例句：

「提案就麻煩你囉。」
「提案？要去幫您拿表格過來嗎？」
「不是，我是叫你製作提案。」
「由我來寫嗎？」
「你聽了半天還不知道？」

你曾被主管這樣「釘」過嗎？與其說是雞同鴨講，這種情況更接近「答非所問」。

「答非所問」的情況發生時，我們往往躲不掉被主管「釘」的窘境。

「誰在跟你說那件事？」

「你有仔細聽我說話嗎？」

站在我們的立場，心裡難免感到不平，

「既然如此，你一開始就說清楚『請你寫一份提案』，不就好了嗎？」

但是，我們無法反駁。對方可能是你的頂頭上司，也可能是你的重要客戶，萬萬得罪不起，視情況嚴重程度你還可能必須道歉。

更甚者，有時對方已經明白表示「你去寫一份提案過來」，你也不知道具體來說要怎麼寫。

請讀讀看以下對話：

「如果可以，請盡早完成資料。參考上次的會議紀錄，有不懂的來問我。」

「答非所問」的原因

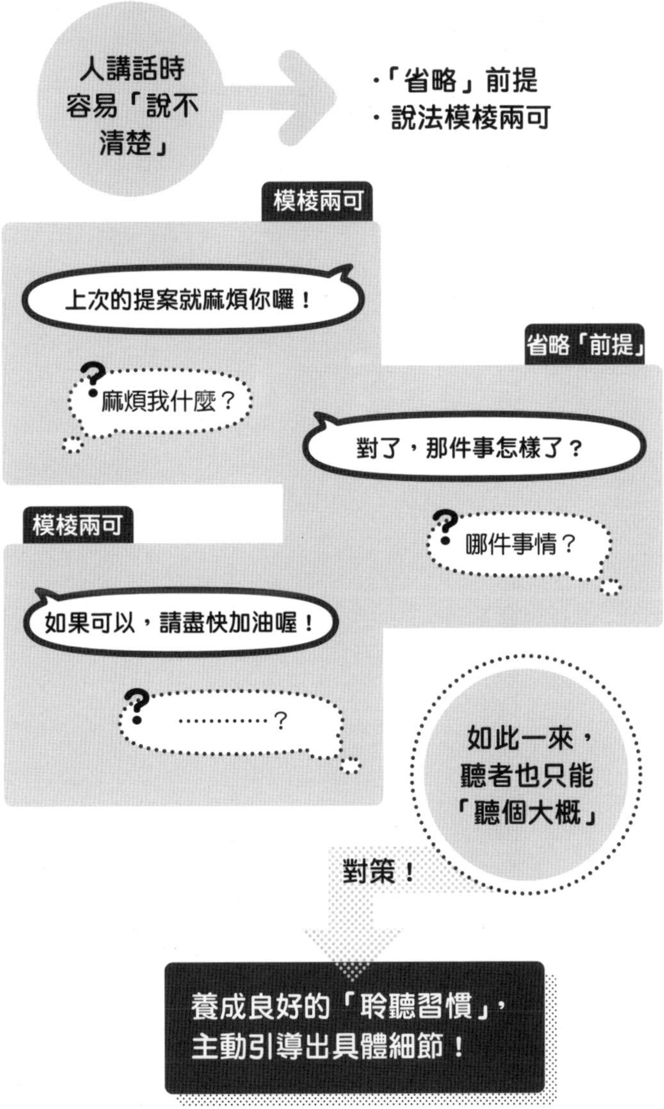
人講話時容易「說不清楚」
・「省略」前提
・說法模棱兩可
模棱兩可
上次的提案就麻煩你囉！
麻煩我什麼？
省略「前提」
對了，那件事怎樣了？
哪件事情？
模棱兩可
如果可以，請盡快加油喔！
…………？
如此一來，聽者也只能「聽個大概」
對策！
養成良好的「聆聽習慣」，主動引導出具體細節！

如果有人這樣交代事情，你當然不會知道交件期限，也不會明白具體做法。
所以，你可能會不小心回答：

「我這週很忙，下週會弄。」

「錯誤的回答」就是這樣產生的！
可想而知，上司會惱怒地說：

「你有沒有聽見我說的話？我叫你快點弄，最晚明早要交！」

是的，**正因為發話者「沒說清楚」，聆聽者當然也只能「聽個大概」。**

上司不肯仔細說明的原因

如果彼此遲遲無法打好關係，或者你發現上司根本在迴避你，就要多加留意了！**對方的態度一旦不佳，別說「含糊交代」了，對方極有可能再也不想好好跟你說話。**

假設你跟上司一同去拜訪客戶，客戶說：

「好的，那就等你們提案。」

「沒問題，交給我們。」上司笑容可掬地迅速回覆。

一旁的你完全以為是上司要製作提案，怎知回程時突然收到命令，

「你應該知道吧？提案由你寫喔，麻煩你囉！」

這種時候，你會怎麼回答呢？

「咦！我來寫嗎？」你很可能不小心做出「錯誤回答」的反應。

「這還用問？你到底是來幹嘛的！」

這是最頭痛的情形了，因為你根本不知道這份提案該怎麼寫。

換個方式問問看

怎麼會變成這樣？

原因只有一個，那就是你的「問法」出了問題。

一旦被認為「沒有專心聽」，對方就會更不願意為你說明。依據個性不同，對方還有可能一股火氣上來心想「竟敢瞧不起工作」、「我要好好懲罰他」，開始處處針對你。

開會的時候，主管若是看到有誰「明顯沒在聽」，可能就會開始找麻煩，

「麻煩寫一下會議紀錄。」

「請參考會議內容做資料。」

與客戶洽談時也是，主管帶你一起去，看到你在這過程都沒什麼發言，就會武斷

認為你根本沒在聽客戶說話，而故意下達指令：

「提案給你寫。」

所以，養成良好的「聆聽習慣」至關重要！學會正確的「聆聽習慣」，對方才會樂意分享、耐心仔細說明。

CHECK

對方願不願意仔細說明，取決於你給人的聆聽觀感。

2 脫離對話上的「錯誤迴圈」

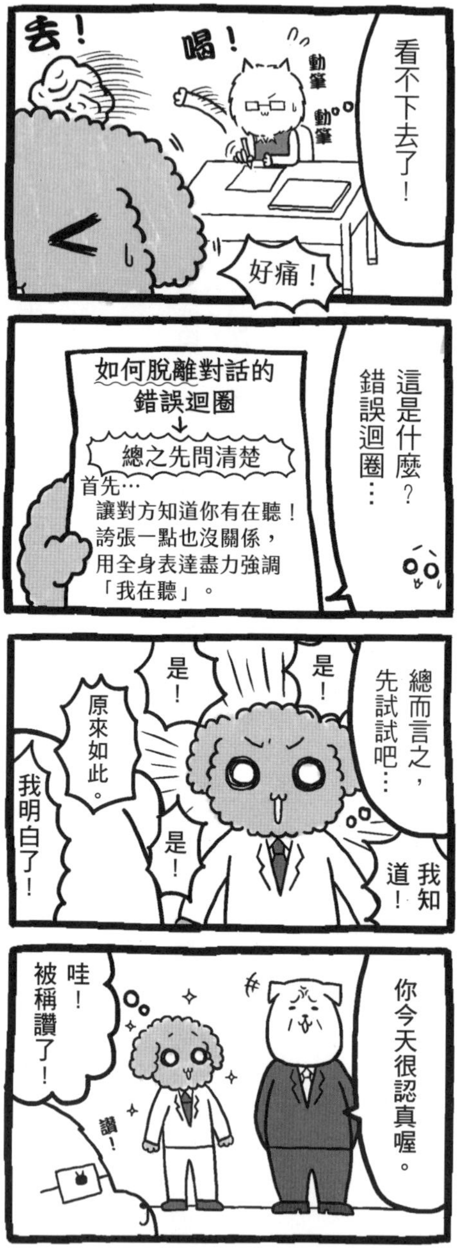
看不下去了！
動筆
動筆
喝！
去！
好痛！
這是什麼？
錯誤迴圈……
如何脫離對話的錯誤迴圈
總之先問清楚
首先…
讓對方知道你有在聽！
誇張一點也沒關係，
用全身表達盡力強調
「我在聽」。
總而言之，
先試試吧……
是！
是！
原來如此。
我知道！
是！
我明白了！
你今天很認真喔。
哇！
被稱讚了！
讚！

什麼是對話的「錯誤迴圈」？

養成良好的「聆聽習慣」，就能擺脫對話上的「錯誤迴圈」。

一旦陷入對話的「錯誤迴圈」，便會不停鬼打牆，舉例如下：

・沒有拿出「聆聽姿態」

⬇對方認為「你想快點結束話題」

・對話離題失焦

⬇失去信賴

・對方失去跟你好好說話的意願

⬇更多的雞同鴨講

⬇信賴度不斷下降，形成惡性循環……

一旦演變至此，對雙方的工作都會造成壓力。如果面對的是客戶，還會損及合作關係與未來發展。

好好聆聽，對方就會好好說

那麼，有了良好的「聆聽習慣」，就能立刻掙脫「錯誤迴圈」嗎？

我們來看看吧。

・聆聽時留意「姿勢端正」
⬇對方願意具體說明
・話題按照主題走
⬇獲得初步信賴
・對方積極找你講話
⬇對話迅速成立，進入狀況
⬇贏得更多信賴，形成良性循環……

這麼做能把對話導向正循環，雙方溝通少了壓力，工作自然也會順順利利。

所以，快來養成良好的「聆聽習慣」吧。

不過，光是揚言「我有在聽」是沒用的。

還不習慣的時候，可以誇張一點，用全身肢體語言盡力釋放出「我有在聽！」的訊息。

「身體不需要這麼向前傾。」

看到你的積極表現，對方可能會苦笑一下，但這就是我們要的效果。

CHECK

養成良好的聆聽習慣，就能防止對話聊偏了。

3 坐姿決定了九成的好感度！

坐姿要留意「膝蓋」的方向

「喂，你有在聽我說話嗎？」

「呃，有啊。」

「算了，不說了。」

「咦，請等一下！」

你是否曾專心聽到一半，卻被對方質疑「你有沒有在聽」呢？如果是上司，可能還會善意提醒你。如果是客戶，多半是靜靜看在眼裡。之後他們通常會變得寡言，想要盡快結束話題。

如同範例，明明認真聽著，別人卻認為你「沒在聽」的狀況，和「答非所問」一樣，經常發生在溝通情境裡。

因此，社交禮儀課的老師一定都會教導「坐姿」。

重點在「膝蓋」，坐下時膝蓋要朝向對方。臉和眼睛注視發話者為基本動作，身體的方向也要留意，不可對著其他方向。

需要特別留意的不是臉和眼睛的方向，而是膝蓋。

只要調整好膝蓋的方向，臉和身體就會自動朝向發話者。所以，坐著聆聽別人說話時，記得把膝蓋朝向發話者，以此表達你的重視。

用這個姿勢掌握對話主導權

聆聽時，切記不要把全身靠在椅背上，我們並不是在看電影。

請想像記者採訪藝人或職業運動選手的畫面，他們會淺坐在椅面，讓身體保持自然前傾。

椅子淺坐、把膝蓋朝向對方，姿勢就會變漂亮，看起來「聽得很專心」。有了良好的聆聽姿勢，對方也會更樂於分享。

俗話說：「越結實的稻穗，越低頭。」比喻地位越高的人，越懂謙虛，不會裝腔作勢。

好的聆聽姿勢可以幫助我們掌握對話的主導權。請把這件事牢記在心。

CHECK

坐下時請將膝蓋朝向對方，椅子淺坐，身體不要整個靠在椅背上。

4 跟企業教練和心理師學「聆聽習慣」

回溯法是超級好用的方法

「提案麻煩你寫囉。」
「提案？需要幫您拿表格過來嗎？」
「誰跟你這樣說的？要寫啊！」
「誰寫？」
「當然是你啊！」

上述對話可能會令人讀得一頭霧水，不明白怎麼會一再出現「錯誤回答」？但在現實環境裡，用聽的本來就很容易「聽錯」。

為了防止「聽錯」及「誤會」產生，我們必須養成出聲確認的習慣。

基本技術就是「回溯法」，也就是人家常說的「複述一遍」。只要回應得夠自然，對方就不會放在心上。

這也是諮商心理師和企業教練常用的技巧。

「明天下午四點之前麻煩你囉。」

「明天下午四點之前，好的。」

像這樣，把對方說的話原原本本地複述一遍，很簡單吧？運用這個技巧，本節開頭的對話就會變成：

「提案麻煩你寫囉。」

「提案麻煩我寫？好的。」

機械安檢時，檢查員會看著機械的動作，用手指著檢查的位置並且大喊「OK」，這個安全檢查的動作叫**「指認呼喚」**。

有些人可能覺得不需要這麼繁瑣，看了不就知道了嗎？

但是，聽說日本實施「指認呼喚」以後，成功把人為疏失降至六分之一。

複述的過程可以把事情變具體

因此，就算你覺得出聲複述（回溯）很麻煩，也有執行的必要。

「我之前收到了你們家的報價單，請問可以更改內容嗎？」

「咦？請問有什麼問題嗎？」

改成左邊的句型：

「我之前收到了你們家的報價單，請問可以更改內容嗎？」

「我們之前提供的報價單，您希望更改內容，對嗎？請問有什麼問題嗎？」

換個方式說，這樣就能回溯對話。

如此一來，對方也能發現自己「話沒說清楚」。透過複述，可以讓人從客觀角度檢視自己的發言。

「啊，抱歉，不是更改內容，只是更改格式而已。」

「您想更改報價單的格式，對嗎？」

「對、對！」

如同範例，只要養成回溯的習慣，就能大幅降低「錯誤回答」的發生頻率。請務必一試！

附帶一提，回溯還有兩個作用：

- 防止聽錯。
- 表示「我有在聽」。

這項技巧完全不需要準備，只需要養成習慣。請落實在生活中的各種對話情境，以便隨時妥善應對任何人。

CHECK

出聲複述對話內容，可以有效避免「錯誤回答」。

5

用「咚、咚、嗟——！」的節奏說話

對方容易開口的節奏是…
你的反應將成為動力，決定了對方願不願意說更多。
對方容易開口的節奏是
咚、咚、嗟——
是
了解
這樣啊！
咚、咚、嗟——
企劃書就交給你囉。
咚
好的！
這次要麻煩你準備大型犬用的食物。
咚
大型犬用的食物，了解！
最近有許多大型犬發胖了呢。
嗟——！
這樣啊——有許多大型犬發胖了啊！

不擅長給反應的人請注意！

「我想麻煩你寫一份企劃書。」

「喔……好。」

「企劃的內容呢，跟上次開會提到的刪減預算有關。」

「……」

「新來的部長對預算很斤斤計較喔。」

「明白。」

「那……就麻煩你了。」

如同這段例句，反應太過平淡，會讓說話者喪失說話的興致。

不要忘了，**我們要鼓勵對方說出細節，才能把「對話的偏差」降至最低。**因此，你的聆聽方式非常重要。

給予適當的反應，就能迴避「錯誤回答」。

讓人樂於開口的節奏

重點在於聆聽者的反應，明確的反應可以激勵對方繼續說下去。同樣的道理，如果放在演唱會上，觀眾的反應越熱烈，越能為表演帶來更精彩的高潮。

反應的分類，以「量」來考量的話，可分為以下三種：

- 太多。
- 剛剛好。
- 太少。

反應若是太少，對方會沒心情說下去。請想像一下演唱會的現場，如果拍手聲和聲援聲太少，只會讓人想快點收尾下班，對吧？

若是反應過多也很困擾，如果歌手正在專心唱歌，掌聲和粉絲聲援仍不斷出現，反而會造成干擾。所以，最重要的是，凡事都要適當「拿捏尺度」。

掌握「咚、咚、噠——！」的節奏回應

那麼，具體來說該怎麼做呢？很簡單，只要「輕輕點頭」和「用力點頭」適度交替就行了，然後，**留意回應的節奏要讓對方好開口。**因此，你的反應和節奏都很重要。

節奏的口訣是：「咚、咚、噠——！」

「我想麻煩你寫一份企劃書。」

「好的，這份企劃書對嗎？」⬇ **咚**

「企劃的內容呢，跟上次開會提到的刪減預算有關。」

「跟刪減預算有關的企劃，對嗎？」⬇ **咚**

「沒錯，新來的部長對預算很斤斤計較呢。」

「啊！新來的部長會問刪了哪些預算對不對？」⬇ **噠——！**

「對啊，就是這樣！」

這就是「咚、咚、噠——！」的節奏。

語氣和表情也要隨著「咚、咚、噠——！」變化。如此一來，對方就會越說越起勁，樂於告訴你更多細節。

CHECK

出聲複述的時候，試著留意節奏感。

6

回應時善用「三好」+「感嘆詞」

讓對方容易開口的節奏，續集！
你的反應將成為動力，決定了對方願不願意說更多②
對方容易開口的節奏是
咚、咚、噠——
這裡用に
感嘆詞優先
啊～・欸～・嗯——・咦!?・哦哦——
「感嘆詞」優於「三好」嗎…
以前
他有在聽嗎？
……
是。
明白了。
現在
啊哈！
咦咦！
哦哦～～
原來如此
他這次有專心聽我說話耶！
以後多跟他聊天吧！

「噠——！」是稱讚的時機

給反應要著重「咚、咚、噠——！」的節奏。

「哦——」

「原來如此。」

「聽起來好讚啊！」

這就是具有節奏感的回應方式。此外，**在「咚、咚、噠——！」的「噠——！」使用「三好」，對方通常會說得更起勁。**

「好棒喔！」「好厲害！」「好讚啊！」

這些肯定句就是俗稱的「三好」。

不過，「三好」比較適合用在閒聊，如果想要消除對話上的誤解，這樣的反應稍嫌誇大了點。

這時不妨運用「感嘆詞大法」，它們比「三好」更好發揮。

「啊～」

「欸～」

「嗯——」

「咦!?」

「哦哦!」

就是這五個。

你不需要實際發出聲音，光是在心中感嘆，臉部表情就會改變，表情也是一種回應。除了發出聲音，我們也要練習如何用表情給予回應。

CHECK

用明亮的表情應聲，就能順利開啟話題。

7

養成「認真聆聽的習慣」，就會越來越上手！

聽對說明不是一件容易的事

「你上週五怎麼沒整理文件就回家了？」

「咦？不是說要整理鐵櫃裡的文件嗎？」

「不只鐵櫃，公司裡的所有架子都要整理啊！」

「什麼？我不知道。」

「你是不是根本沒有專心聽？」

「呃，我有聽啊……」

「其他同事都有留下來，他們整理完才走喔！」

你有沒有類似的經驗？明明有專心聽，最後還是做出了「錯誤回答」呢？如同我在本章第四節所說的，**「聽錯」也會造成「錯誤回答」**。

所以，我們才要使用回溯法（複述）確認內容。但是，回溯法基本上只能用在

「一對一」的對話上。

一群人一起聆聽長官說明時，沒辦法一一複述。再說，如果報告內容太長，容易發生的狀況多半不是「聽錯」，而是「漏聽」。

容易搞錯重點的人可以這樣做

那麼，要不要試試這個方法？

專心聽，一字一句也不要漏聽，只能這樣了。

不過，一樣是「聽」，也有分成「hear」和「listen」兩種。

自然進入耳裡叫「hear」，有意識地專心聽叫「listen」。別人說話時，容易聽錯的人，有可能是習慣下意識地使用「hear」模式。

我自己就是活生生的例子。我很容易聽錯話，只要耳朵聽到在意的字句，意識就會不自覺飄過去，因此常常出現漏聽的狀況。

「不好意思，明天是星期五，要麻煩大家整理文件，下班後請多留一小時左右再走。」

（噢……要整理文件啊。）

「我知道有不少人把文件堆放在鐵櫃裡，拜託不要再堆了。」

（啊！我也把文件放在鐵櫃裡！）

「這次要整理公司的所有櫃子，會比較辛苦，但麻煩大家了。」

（對了，我把客戶資料也留在鐵櫃了！是不是應該拿去用碎紙機啊？）

跟這個人一樣，聽到某個地方就馬上開始自己想東想西，無法把話聽到最後的人，請注意！你必須有意識地專心聽，否則一定會漏聽重要的訊息。

所以，請用參加英語聽力測驗般的心情專注聆聽吧！光是心態上做好調整，聽起來的效果就會完全不同。要是不小心漏聽了，大可之後再上前確認：

「抱歉！剛剛那個地方，可以再說一次嗎？」

像這樣，用參加英聽測驗的心情專心聽別人說話，就能有效防堵「錯誤回答」。

CHECK

用參加考試的心情仔細聽別人說話，就能確實聽見每一句重點。

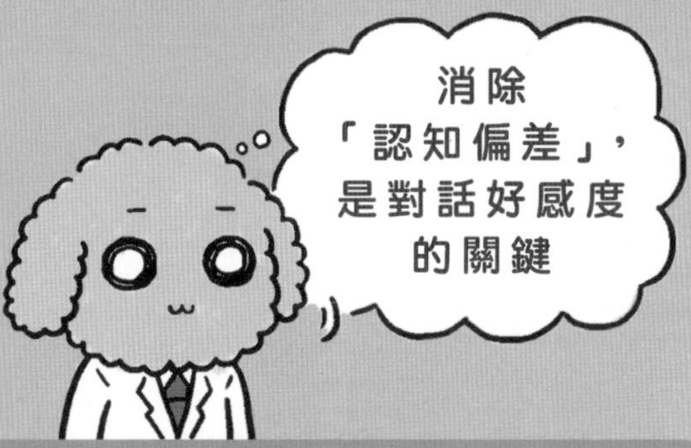
消除
「認知偏差」，
是對話好感度
的關鍵

3章

與人對話時，這些「確認」千萬不能省！

1 經營「人際關係」應該注意的要點

不使人際關係變差的溝通方式

如果你正在思考人際關係，必須小心的事情是——

「不要把關係搞差」。

在思考如何讓人際關係變好之前，我們應該把重點放在「不要變差」。

那麼，人際關係變差的原因是什麼呢？

不用懷疑，原因當然出在溝通。撇除孩童可能遇到的情形，社會人士通常不會因為一個人的外觀或是個性，突然去討厭另一個人。

只要雙方之間的對話能建立起來，
讓人覺得「你懂我」，
關係就不會變差。

那麼，不使人際關係變差的溝通祕訣究竟是什麼？

答案就是「確認」。

說話時省略細節是人的天性，尤其是資深老員工，常常在以為「對方應該知道吧」的前提下說話。

然而，**「零確認」的對話，就不算成立**。缺乏「確認」，彼此溝通只會阻礙重重，很難好好聊下去。

接下來，本章將介紹跟「確認」有關的各種對話祕訣，想要改善人際關係，請務必活用。

CHECK

「確認」可以有效防止對話出現誤會或離題。

2

掌握「確認」訣竅，不再老是被問「懂了嗎？」

不要馬上回答「懂了！」

一段對話的成功建立，九成靠「確認」。

別忘了，平時會用日常對話練習「表達方式」的人少之又少，這種人恐怕占不到一成。因此，我們必須了解一件事：「發話者」想傳達的主旨，「聆聽者」不會百分之百接收到是常態。這是最重要的前提。

由此可知——

「懂了嗎？」

「懂了。」

這段對話本身就不應該發生。

在未經確認的情況下直接回答「懂了」，就表示對話沒有成功建立。
會被對方認為「你根本不懂」也是沒辦法的事。
因為打從一開始，你就不該被對方問：「懂了嗎？」
在發話者確認之前，由聆聽者先行確認，才符合對話禮儀。

「明天四點之前，對嗎？」

「轉達給部長知道，對嗎？」

像這樣，請養成最基礎的「確認習慣」。

CHECK

不要不經思考就回答「懂了」，主動先確認重點，才能讓對方安心。

3 隨時可以用來對焦的「兩個提問句型」

總之呢，資料要做得好懂一點，麻煩你了。
請問具體來說，「好懂一點」大概要做到什麼程度呢？
比方說，多放一點圖表啦，還有引用數據等等。
很好，100分。
我了解了。
總之呢，資料要做得好懂一點，麻煩你了。
明白了！
把字級加大，讓他好讀一點♪
呃
這傢伙!?
加油加油！

巧妙確認細節的兩個問句

如果對方是「話說不清楚」的人，聆聽者要學會主動「對焦」。畢竟一段對話若是模糊失焦了，之後被問責的是聆聽那一方。

對焦時，有兩個固定的好用句子：

「具體來說？」

「比方說？」

以下用對話來舉例，首先是「具體來說」。

「企劃書要寫得好懂一點。」

「寫得好懂一點，對嗎？**請問具體來說，怎麼做會好懂一點呢？**」

如果腦中已經有個大致的概念，就用「比方說」來進行確認。

「請問具體來說，怎麼做會好懂一點呢？**比方說，加入圖表之類的嗎？**」

像這樣仔細確認，就能消除彼此的認知差異。

「沒錯沒錯，多多善用圖表。」

或者是，

「不需要那麼複雜，善用條列式就可以了。」

如此一來，對方也能主動進行校正。

就像前述例子，生活中請把「具體來說？」「比方說？」當成口頭禪，隨時進行確認吧。

CHECK

對話時要積極確認，主動提問：「具體來說？」「比方說？」

4 無法一次到位沒關係，重新瞄準「靶心」就好

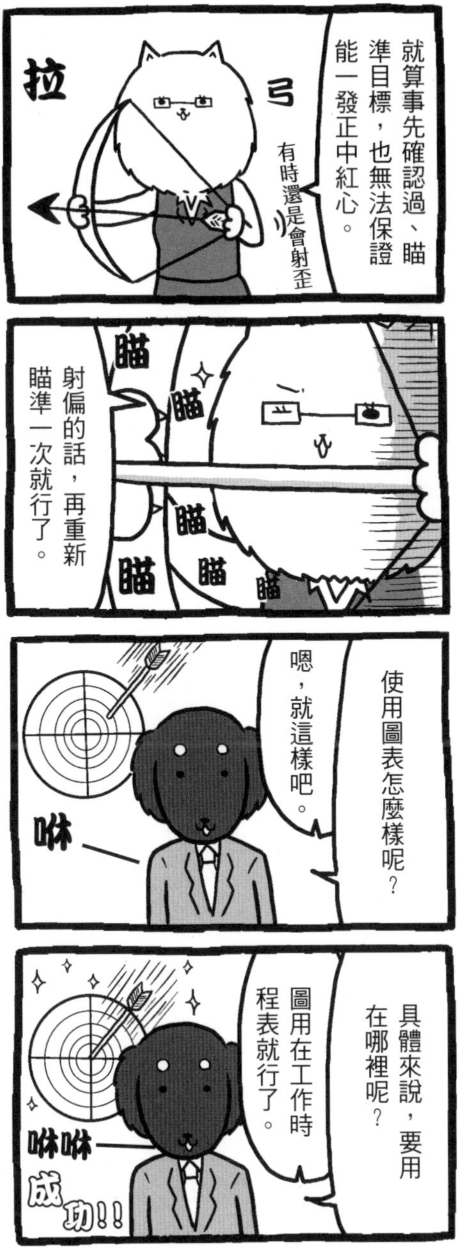
就算事先確認過、瞄準目標，也無法保證能一發正中紅心。
有時還是會射歪
拉
弓
射偏的話，再重新瞄準一次就行了。
瞄
瞄
瞄
瞄
瞄
瞄
使用圖表怎麼樣呢？
嗯，就這樣吧。
咻
具體來說，要用在哪裡呢？
圖用在工作時程表就行了。
咻咻
成功!!

反覆確認，直到事情變得清晰立體

「具體來說呢？」

「比方說呢？」

有時就算重複確認過這兩句，工作還是會弄錯方向，被對方認為：

「他還是搞不懂嘛。」

明明確認過了，為何到頭來還是雞同鴨講呢？因為，僅僅靠著一次瞄準，本來就不保證會「正中紅心」。

對著箭靶射箭時，要一發命中本來就很困難。

當你想著「稍微往右一點」，很可能一不小心就射得太右邊，這時只能再「稍微往左一點」調整回來。

也就是說，所謂的「確認」通常不會一次到位。請記住這個原則。

「比方說，要善用圖表來寫嗎？」
「對對！沒錯，好好善用圖表啊。」
「明白了。」

類似這樣的對話，不能因為確認過一次就掉以輕心。雖然知道要用圖表，但該怎麼運用還是很「模糊」。所以，我們要繼續確認。

「好，我會善用圖表寫出好懂的企劃，**具體來說，要用在哪裡呢？**」

這時再次詢問「具體來說」，

如此一來……

「圖用在工作時程表，其他的部分寫成文字就行了。」

對方就會告訴你更詳細的資訊。

很多人擔心一再確認會造成別人的麻煩，實際上並不會，對方反而可以從中感受到「你很認真看待工作」。所以，以後不妨仔細確認清楚吧。

CHECK

反覆仔細確認的態度，可以為你帶來正面評價。

5

對話建立的重要基礎：步調要保持一致

業務員絕對不能犯的錯誤

想要建立一段對話，我最重視彼此的「步調」。

沒有好好配合彼此的步調，對話就會從頭「歪」到尾。因此，「步調」才是建立對話的大前提。

就拿業務員和客戶的對話來舉例吧。

客戶想要打聽資訊，所以找了業務員過來，結果卻被業務員「強迫推銷」，這時會有什麼反應？

「我們家的東西，魅力不輸其他家，請務必參考。」

「不是，我只是想先打聽資訊。」

「咦？打聽資訊？」

「對，我本來就是想先打聽看看而已。」

聽到客戶這樣說，本來打算大賣一波的業務員必定很失望。但也怨不得別人，這是因為業務員沒有事先確認彼此的步調所導致的。

- 客戶↓想打聽資訊
- 業務↓想販賣產品

雙方在步調不一致的情況下開啟了對話。

事先確認客戶的步調

因此，假設收到客戶打來電話說：「我對你們家的產品有興趣，想找業務了解一下。」

這時切記不要只會回答「好的」，**要當場確認「客戶的目的」**。

「您對本公司的產品有興趣嗎？謝謝您，方便提供您更具體的購買方案嗎？」

像這樣進行確認。如此一來，客戶也會具體表明自己的步調，意即找業務來的「目的」。

「不是，我打電話不是為了買東西，我是單純想先打聽資訊。」

「這樣啊，您還在打聽資訊的階段，對嗎？那麼，我可以為您提供哪一類資訊呢？」

「我想知道現在出了哪些系列產品，如果有跟其他廠牌的比較表就更好了。」

「系列產品和跟其他廠牌的比較表對嗎？需要幫您多帶幾份簡介手冊和型錄嗎？」

「如果有就太好了。」

只要先仔細確認目的，就能避免「雙方都誤會」的情形發生。

日常生活中的對話也一樣，人與人之間，常常因為步調不一致，導致對話兜不攏。有人是想輕鬆閒聊，有人卻想認真解決問題；有人是在認真商量煩惱，有人卻把事情當作玩笑。

步調不一致會導致溝通上的不順暢，使人在不知不覺間失去信賴。所以，我們要隨時謹記在心，不要忘記確認對方找自己說話的「目的」是什麼。

CHECK

事先確認彼此的步調，就能避免「我不是那個意思」的誤會發生。

6

確認即戰力！必須常備的兩樣武器

貴賓犬小弟！用這個和鬥牛犬課長說話。
送你！
MEMO
筆記本嗎？謝謝你喔。
貴賓犬小弟，明天的會議會有十位參加。
動筆
動筆
是！十位對嗎…那我預約大會議室。
資料當然也要準備十份喔。
動筆
動筆
好的！十份資料沒問題。
感覺他很認真聽耶！
心花怒放
了不起！自然又仔細地確認完畢。

當作是在接電話，隨時做筆記

想要養成「確認習慣」，有兩樣東西一定要帶，就是筆記本和筆。聆聽時，請多多習慣做筆記吧。如此一來就能自然地確認對話重點。

想成是在接電話，應該就很好懂。

打電話詢問事情時，多數人都會記得一面抄寫，一面聆聽。

任誰都有迅速拿起紙筆、趕快把聽到的資訊抄下來的經驗吧？**與人交談時，我們同樣可以利用接聽電話的方式，好好做筆記。**這樣便能自然養成「確認習慣」。

選擇機動性高的筆記方式

速度感很重要，在此推薦用紙做筆記。手機和電腦的機動性不夠高，給對方的印象也不是太好。

畢竟對有些人來說，「做筆記當然要用紙」。

另一方面，如果先把功能性放一邊，溝通的時候，我們**必須充分展現讓對方想說話的尊重態度。**

事實上——有些人一看見你在用紙筆做筆記，就會打開說話的開關滔滔不絕，想和你分享更多事情。

簡單準備能放入口袋的小本子或便條紙就行了。**學會邊聽邊做筆記，就能自然養成確認的好習慣。**

CHECK

隨身攜帶紙和筆，養成「做筆記的好習慣」。

7 展現「筆記技巧」，讓對方說得更起勁！

「我想做筆記，可以嗎？」是對話的定情句

做筆記除了有確認對話的功能性，我們還能將其當作商業技巧，巧妙提高對方的談話意願。這屬於進階的應用範疇，表現出「我想做筆記」的樣子有很高機率能讓對方打開話匣子、越說越起勁。

在「讓對方說得更起勁」的筆記技巧當中，我想優先介紹這個在開始做筆記前的「定情句」。

當你發現上司和客戶開始說重要的事情時，

「我想做筆記，可以嗎？」

總之先問問看吧。

視情況不同，有時的確比較適合悄悄做筆記，但對象若是老闆或主管，他們通常

會這樣判斷：

「他寫筆記是因為我說的話很重要。」

請像個採訪藝人的記者，光明正大地做筆記，相信對方也會端正姿勢。而且，**這麼做還具有提升對方自尊心的效果。**所以，我們要大方詢問：

「我想做筆記，可以嗎？」

先打聲招呼，然後拿出筆記本，準備好了之後說：

「好了，請說。」

就這麼簡單。

「我剛剛漏聽了，方便再說一次嗎？」

要把對方說的每一句話都記下來十分困難，就算寫得再潦草，也不可能通通記下。因此，我們常會漏掉重要的訊息。

這時候千萬不要著急。

請把漏聽的失誤當作「轉機」，從容應對。然後，只需要這樣問：

「我剛剛漏聽了，方便再說一次嗎？」

你可能會擔心，有人聽了之後會抱怨：「你是不是沒有仔細聽？」答案是「不會的」。

我是一位經營者，也是一位顧問。因為職業性質，我自己比較少做筆記，通常都是別人在我說話時拼命動筆。

此時，越是精明幹練的記者和商業人士，越是會問：

「剛剛那裡，可以再說一次嗎？」

「我漏聽了重要的項目，關於組織改革……這句話之後，可以再說一次嗎？」他們都會這樣問。

聽到這樣的問題後，我也會用對方更容易了解、更方便聆聽的節奏仔細說明。為了「鼓勵對方多說一點」，「請再說一遍」也是效果絕佳的筆記技巧。

把筆記的內容寫成「會後紀錄信」

完成筆記後，許多人會再發一封電子郵件來確認內容。對業務員來說，這「小小的工夫」會產生巨大的效果。

不用寫得太像公文，請看以下範例：

這次的提案，我會強調以下三點來寫。
如果我有哪裡弄錯，歡迎告訴我喔。

・產品特色、進貨後的追蹤情形會重點式地寫進去。
・提案表和估價單會分開來寫。
・電子郵件會在六月二十一日（五）中午前寄給您。

訣竅是，避開「具有公文感」的條列式句子。

・產品特色、進貨後的追蹤情形摘要。
・提案表和估價單分開編製。
・電子郵件會在六月二十一日（五）中午前寄送。

使用條列式時，如果又用了「公文體」，信件內容會變得不好理解。所以，真的不用刻意寫成專業術語，**用動詞自然表達吧**。語氣輕鬆一點，讀的人才不會倍感壓力。

當場抄寫筆記、之後發一封「會後紀錄信」。養成這個習慣，就是高階社會人士了！

CHECK

勤寫筆記、會後發信確認，都能大幅提升好感度。

8 忘記確認時，用「閒聊商量法」進行補救

不小心「忘記確認」時的對策

保持「確認習慣」至關重要，但是，任誰都有不小心「忘記確認」的時候。忘記了沒關係，真正不好的行為是「放置不管」。

在此簡單說明「忘記確認」時的對策。**訣竅是「商量」，不是「確認」，把它當成「商量」試試吧**。

有時候時間一久，就會很難再開口問：

「那件事是要怎樣處理呀？」

比方說，上司交代要做顧客名單，你忘記當場確認，過了三天才想起來，完全不知道該怎麼辦，這時候總不能呆呆地問：

「您之前說要做顧客名單，那時候是說要怎麼做？」

「喂喂，不要過了三天才來問啊！」

這樣很可能被臭罵一頓。**所以，我們要假裝「商量」，藉機確認。**

「我想找您商量之前提到的顧客名單。」

「哦？怎麼啦？」

「我不知道該鎖定哪些人，很煩惱。」

「鎖定北關東的顧客就好啦，不到五十人吧？」

「我應該鎖定什麼關鍵字呢？」

「用北關東的縣名進階搜尋就好。」

「原來如此！我懂了，謝謝您！」

「我想確認一下！」要是直接這麼問，對方一定會想：「也太晚確認了吧？」

但是，只要改說：「我有事想商量。」對方就會認為你是做到一半遇到困難，肯定很樂意為你指引方向。

不好開口時，就用「閒聊商量法」吧

但是，時間過久了要再確認，還真的需要一點勇氣。就算用了「商量」，還是很怕被罵。

這時候就要派出「閒聊商量法」。先從「閒聊」開始，趁氣氛不錯時提出「商量」。

「昨天一起喝酒，好開心啊。」
「是啊，好久沒有這麼開心了。」

「您分享的商場糗事實在太有趣了。」
「喂喂，記得聽完就得忘掉啊。」
「對了，我想找您商量下週的提案。」
「怎麼啦？有問題都歡迎提出來喔。」

先閒聊一下，等氣氛變輕鬆後，會比較容易商量事情。接著只需要一邊商量，一邊確認重點即可。

這樣便能圓融地消除認知差異。

CHECK

從閒聊開始，等氣氛變輕鬆再來商量事情。

9

「附帶一提作戰」是實用妙招

如何確認瑣碎的細節，又不討人厭呢？

要和主管或老闆確認瑣碎的小地方，總讓人怕怕的。

「不要每件小事都拿來煩我！」很有可能像這樣被大唸一頓。

但是，我們總會遇到非確認不可的狀況。

「你去跟課長確認一下，文件要按照什麼順序排放。」

「課長才不會在意這種小細節。」

「課長不會，但部長會啊。」

「呃，好吧……」

這種尷尬的情形，大家應該多少都碰過吧？

馬上為你介紹對付這類疑難雜症的「附帶一提作戰」。

確認細節時，可以等確認完大方向後，再順勢提問：

「附帶一提，這邊要怎麼做？」

這樣就能巧妙確認。如此一來，對方也會順順地回答：

「就這樣、這樣啊。」

「課長，文件要在傍晚五點前整理完畢，對嗎？」

「對啊。」

「把文件放在A櫃子就行了嗎？」

「沒錯。」

「附・帶・一・提，文件要按照客人的名字順序排放嗎？」

「咦？幫我用日期吧。」

「了解，日期新的放前面，對嗎？」

「不，舊的放前面。」

「了解，我會從左排到右，左邊先放舊的。」

像這樣，**不要突然問太過瑣碎的細節，訣竅是先從大方向開始切入。**

「確認」這件事意外地深奧。

儘管深奧，但是不需要太多複雜的溝通技術。

養成「確認習慣」，就能全面改善人際關係，不用再擔心會越弄越僵了。

CHECK

「隔了一段時間」的確認，訣竅是從大方向開始問，慢慢觸及核心。

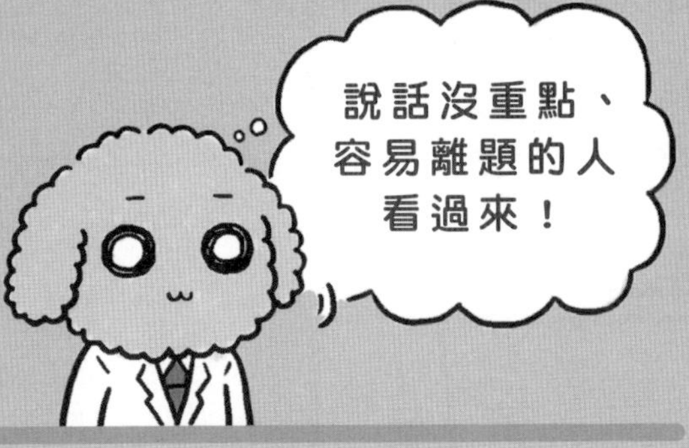
說話沒重點、
容易離題的人
看過來！

學習更流暢精準的表達方式

4 章

1

容易產生誤解的說話方式是……

想到什麼說什麼，話就會說不清楚

雞同鴨講的原因，多半來自於話說不清楚。不夠具體的表達方式，就像一座迷霧森林，讓聆聽者無路可循。

「看你最近時常加班，怎麼啦？」

「我最近超忙的。」

「超忙是在忙什麼呢？」

「像是行銷企劃部派給我的工作啦……」

「行銷企劃部的工作有這麼多嗎？」

「不，也沒有那麼多。」

「具體來說，行銷企劃部交代的工作是什麼呢？」

上述對話還是比較幸運的情形，因為**對方有一再確認。假設對方未經確認便自行**

解讀，往往會引發更多誤會。

「聽說我們行銷企劃部派了太多工作給你，害你一直加班，對不對？」

「咦？誰說的？」

「你們家主管跑來跟我抱怨。」

「我的確有幫他們準備活動資料。」

「這種東西不是一小時就能做完嗎？」

「我沒說加班是因為幫他們做資料啊……」

「我最近很忙。」像這類**不經大腦、隨口說出的話，就是許多誤會發生的原因。**

CHECK

時刻留意自己隨口說出的話，是否會給別人造成困擾。

2 兩大原則：「不遺漏」、「仔細說」

說話的基本原則其實一點都不難。
打字
打字
打字
只需要「仔細說」。
留意「不遺漏」、「仔細說」這樣就很夠了。
啜飲一口…
呼…
啊啊——對不起！我太忙了！
嗚嗚～
……
到底是多忙！
貴賓犬小弟說話太省略又太隨便了…
唉呀呀

說話時，你會敷衍塞責嗎？

我教了超過十年的企業進修說話課。

學員來上課，無非是想學習更流暢、更討人喜歡的表達方式。

遺憾的是，多數人連基本原則都不了解。

說話的基本原則是什麼呢？

答案就是「仔細說」。

不需要流暢，也不需要能言善道。

「字不需要寫得漂亮，只需要仔細寫。」

小時候，學校老師經常如此教導。同理，說話不需要口才好，只需要仔細說。

仔細的意思是「不隨便、專心表達」。

由此可知，「我最近很忙」是一種敷衍的表達方式。

請更仔細、專心地說話吧。

「主要的原因是，同時有兩個大型專案進來，兩邊我都不熟悉，需要較多準備時間。」

像這樣表達清楚，聽的人就不會斷章取義。

為了清晰表達，平時就要留意「不遺漏」、「仔細說」兩大原則。

CHECK

說話時盡量「不遺漏」、「仔細說」，就能做到精準表達。

3

最後要明確地「把話說完」

不用能言善道，但要好好說出重點

「那個，剛剛在會議上提到的顧客問卷……」
「那個我會做。」
「不、不是的，是客戶……」
「我也會交給客戶。」
「不是，我是在想，把那份問卷寄給客戶真的好嗎？」
「你到底想說什麼？」

無法把話完整說完的人意外地多。日語習慣把述語[1]放在最後才說，問題是，主語[2]和述語若是離太遠，就會變得很難聽懂，更別提許多人講話習慣到最後都不說重

1 述語，說明主語的性質或狀態的描述語。
2 主語，放在述語前，作為主體的人事物。

點，把補完語意的責任丟到聆聽者身上。

「N先生，我把資料用電子郵件寄給你了，**請你幫忙確認好嗎？**」

這才是完整的表達。

有些人則會欲言又止：

「N先生，我把資料用電子郵件寄給你了，你看一下……」

還有更糟糕的說法：

「N先生，資料已用電子郵件寄出。」

這句話不僅省略了「請幫忙確認好嗎？」，還用了肯定句，聆聽者連要自行補充語意都不知道。這樣的說話方式太敷衍隨便，必須更仔細地表達需求，別人才知道要如何回應或提供協助。

有求於人時，我們更不能只想到自己。**要站在對方的角度，把希望對方能為自己做的事，完整地說出來。**

不要光說「我填完考核表了」。

應該說：「我填完考核表了，**你可以幫我看一下嗎？**」**這樣別人才會懂。**

如果想描述得更清楚，可以這樣說：

「我填完考核表了，你可以在明天下午四點前幫我看一下嗎？」

這就是「不遺漏」、「仔細說」，以及明確「把話說完」。

CHECK

有求於人時，要把話說得具體清楚一點。

4

用「4W2H」拆解模糊的語意

光說「我會加油」是不夠的

「我要你積極開發新客戶，但是看你好像一點也不積極？」

「咦？我自認很積極啊。」

「哪裡積極？」

「一時之間我也說不出來……」

「說話模糊」的人，習慣把形容詞和副詞直接拿來用。表達決心時，請特別小心以下句型：

「我會全力以赴。」

「我會積極處理。」

「我會盡力加油。」

這麼說的確感覺得到決心，只是，倘若結果不符合對方期待，很可能被責怪：

「你說過會徹底打掃，結果根本沒有啊？」

「你說過會盡力支援本公司，結果跟當初說好的不一樣啊？」

形容詞和副詞的確很好用，但直接拿來作為說明或答覆容易造成「語意不清」，如果只是聊天倒沒關係，換作是在商場上，很可能會引發誤會！

說話時善用「4W2H」，就會變得清晰具體

我們用「4W2H」來拆解看看吧！只要丟出以下六個疑問詞就行了：

- **時間（When）**
- **人物（Who）**
- **事件（What）**

・地點（Where）
・方式（How）
・程度（How many）

所以，我們要說的不是「我會徹底打掃」，而是：

「我和H先生、K先生及另外兩人整理了公司十二樓的紙箱，把裡面的東西全部拿出來了，請M主任確認一下裡面還有沒有需要的東西，沒有的話會全數清除。要留下的物品，我們會再搬去十一樓倉庫存放。」

像這樣，仔細說出人、事、物、地點及做法等等，就不會造成誤解。

對客戶也是如此。

「我方會全力支援貴公司。」

這樣說話太籠統了，對方可能會抱持錯誤期待，事後若是發現結果不如預期，就會認為「這跟當初說好的不一樣」。所以，我們應該這樣應對：

「這次為了協助貴公司提出的預算刪減計畫，本公司會在九月底之前，針對四個部門各開兩次說明會，並製作七頁的教學手冊，再行進貨。」

像這樣，仔細說出細節就能杜絕誤會發生。

說話時想著「4W2H」、慢慢描述細節，就能替雙方溝通有效對焦。

CHECK

表達決心和誠意時，請掌握「4W2H」的原則仔細說明。

5 留意「這個、那個」帶來的陷阱

小心！容易造成誤會的「這個」和「那個」

「你可以幫我在會議上跟部長提那件事嗎？」

「哦——那個啊？好喔。」

會議後……

「喂！那件事不是指A公司的大案子嗎？」

「不是，我是在說總務R先生休假一週的事。」

「原來是那件事，下次說清楚啦！」

「這個、那個」是要盡量避免的用詞。除非你是指著實物說「那根柱子」、「這棟倉庫」、「這份資料」等，那就沒問題。

但是，在眼前沒有實物的情況下，務必仔細說出具體對象，否則會造成混亂。

「課長，您幫我聯絡那位客人了嗎？」
「那位客人是指哪位客人？」

「都是因為收到那封信，Y先生才變得很消沉。」
「那封信是指哪一封信？」

指示代名詞「這個、那個」的功能跟連接詞很像，作用是「提示前文」，沒有前文就會看不懂。因此，例如：「部長跑去跟A建設的負責人說了**那些話**後，工作變得很順利。」這樣的句子，應該換成：

「部長跑去跟A建設的負責人**抱怨交期太趕。部長說了那些話**後，工作變得很順利。」

如同例句，直接把「這個、那個」**所指的東西說出來**即可。**說明清楚之後，再使**

用指示代名詞。如此一來，對方就能順利接收語意。

「這個、那個」是需要小心的用詞。雖然很好用，但太常用會給人說話敷衍隨便的印象。

CHECK

下定決心「不輕易使用這個或那個」，好好表達，把話說清楚。

6

最好的表達，是能讓對方徹底理解語意

這套開發中的軟體assign了提升操作的機能。
asa + in?
朝太陽方向去？
關於resource，都寫在這份資料上了。
請看
re-sauce?
不要不假思索就使用業界用語，請換成對方容易理解的詞彙吧。

注：asa的日文讀音意思是朝日的「朝」。

使用專業用語前，要先確定對方聽得懂

「想要nurturing顧客，使用本公司的solution最合適。」

「哦，這樣啊……」

「屆時的onboarding流程和建構scheme，都寫在這邊的資料上。」

「嗯啊……」

「有問題的話，請在今日之內fix喔。」

請留意左頁這些「業界用語」**（在業界理所當然使用的字彙）——它們屬於「時常耳聞但語意不清的商業用語」。**

這些全是外商公司、ＩＴ產業和顧問業常用的商業用語。

尤其ＩＴ產業人士，特別愛將行話及類似的商業用語混著用，結果時常造成開頭那段充滿問號的對話。這麼做非常危險，對不熟悉行話的人來說，會造成理解上的困

難。

為了避免誤會與烏龍，我們要隨時留意對方的「大腦」。具體來說，就是「對方的腦內辭典」。

「等新服務launch之後，可以和我一起思考現場如何resource嗎？」

當你想和客戶這樣協商時，請先暫停，問問自己：

「客戶腦中有內建『launch』這個單字嗎？」

「客戶腦中有內建『resource』這個單字嗎？」

常見的業界用語

· agenda	· assign	· attend	· launch
· issue	· initiative	· excuse	· evidence
· commit	· consensus	· summary	· shrink
· scheme	· stakeholder	· task	· knowledge
· buffer	· fix	· priority	· pending
· resource			

如果對方是上司，可能還會好意提醒：

「不要用evidence。」

「不要用consensus，用『共識』就好。」

如果換作客戶的話呢？對方可能心想：

「完全聽不懂他在說什麼。」

甚至可能誤解為：

「他一直烙英文，是不是想給我下馬威？」

所以，說話時務必留意「對方的腦內辭典」，**慎選別人也能聽懂的用語，當一個貼心的說話者。**

CHECK

與客戶說話時，不要隨口使用行話。

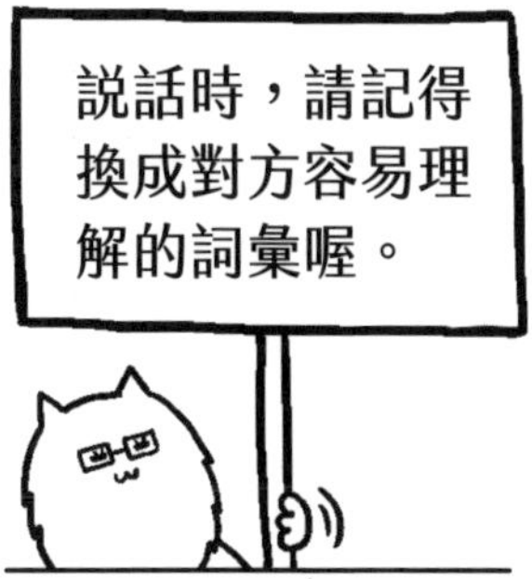
說話時，請記得換成對方容易理解的詞彙喔。

7

容易離題的人有三個共同點

太過天馬行空導致越聊越遠……

我喜歡稱「話說到一半不停離題的人」為「聯想大王」。這種人自我中心又不顧別人，非常適合「聯想大王」這個稱呼。

「現在來說明要提交給部長的企劃書該怎麼寫。」
「好喔。啊，說到部長，我之前才和他大聊高爾夫呢。」
「咦？」
「聽說部長晚上還特別去上特訓班呢。」
「嗯嗯，是喔。」
「說個題外話，我大學的學長晚上也有上課，但不是高爾夫啦。」
「……」

容易離題者，注意力也容易分散。

他們常會用「對了」、「說個題外話」**撿拾話題中出現的「枝葉關鍵字」，開始進行聯想。**

說話圍繞重點的訣竅：想像「樹木圖」

聯想大王有以下三個特徵：

・反應很快。
・好奇心強。
・容易分心。

這些人擁有許多好玩的事物可以分享，一旦產生聯想，就會下意識地脫口而出。但是不用擔心，這些人反應也快，只要稍加掌握訣竅就能矯正過來。

首先，說話前先聯想一幅「樹木圖」。

「樹木圖」是由「樹幹」、「樹枝」、「葉子」三個部分所構成。**其中的「樹**

幹」就是話題的主要梗概。

現在討論的主題是什麼呢？哪些內容是「樹幹」？哪些內容是「枝葉」？請一面思考、一面描述，這才是說話時應該注意的事情。

偶爾岔題到「枝葉」也沒關係，但是要盡快回到「樹幹」上。如果常常被問：「本來是在聊什麼？」而你自己也忘記了，將永遠無法從「聯想大王」畢業。

「啊，本來在講要提交給部長的企劃書啦！」

時刻把對話主軸放在心上，就能及時主動拉回正題。平時多留意話題的「樹幹」，就不會迷失方向，聊到渾然忘我而不自知。

CHECK

說話時記得多留意，盡快把話題拉回「主軸」。

8 主語和述語不要離太遠

啊，課長！
柴犬牌的柴太先生，前幾天來提了柴犬用的計畫案。
起初，感覺不是很吸引人，但後來越聽越有意思，也許值得公司投資…
嗯？柴…柴什麼？再說一次好嗎？
柴犬？
柴太？
柴犬牌的柴太先生，前幾天來提了柴犬用的計畫案。
越聽越迷糊
附帶一提，我本來覺得那傢伙不太討喜…

說得太專心，話就會拉長

「我趁今年參加活動時，和去年拜訪時感覺毫無興趣的千葉建設公司交換了名片，當時他們家的課長似乎有點興趣，我就和他們約了今天的線上會議，談過之後，他們要我再提一次報價單看看。」

「什、什麼？」

「就是，有一家我去年拜訪時感覺毫無興趣的千葉建設公司……」

為了把話說清楚、不敷衍塞責，我們需要專心說話。然而，有時說得太專注，句子就會不自覺地拉長。

而且，越有服務精神的人，越愛分享細節。

句型要簡單明瞭！縮短一句話的祕訣

這邊雖然提到「縮短」，但其實說話時間稍微拉長也不要緊。除非是一個人單方面地講了五到十分鐘，否則一般來說，只要使用簡單明瞭的句型進行表達，聆聽者就不會感到冗長。

重點只有一個：拉近主語和述語。這樣就能縮短一個句子。

- **說話的整體時間稍微長一點無妨。**
- **但要盡量縮短每一個句子。**

把這兩件事放在心上，再來仔細描述事件或情境。例如：

「千葉縣有一家建設公司，去年我去拜訪時，他們看似沒有合作意願。但是，今年我在活動上和他們交換名片，他們有表示出興趣。於是，我主動約他們家的課長，今天開了線上會議討論。我在提案後，對方希望我先提出報價單。」

說話時一旦感到焦急，句子就會變得又快又長。所以，我們要按照順序，說完一件事，再說一件事。

時時在心裡提醒自己「不要急，好好說」，自然就能清晰表達。

CHECK

說話時的句子拉近主語和述語，別人就能很快聽懂。

9 「先說結論」作為開場

真是的，看不下去了！
去！
喝！
動筆 動筆
痛！
先說結論嗎？
結論優先說
用時序說明
話太長。
聽不進去（汗）
→開門見山說結論！
柴犬牌的產品要放在我們家了。
先說結論
哦～簡單明瞭，我知道了⋯
呃⋯什麼！？怎麼可以擅自決定！
不會吧——

「結論放後面」會容易離題

「結果……對方的技術部長認為是我們家的產品定價有問題，跑來抱怨，我就不小心回嘴說『部長，恕我直言……』。」

「嗯嗯。」

「我常常這樣，一不小心就會對別人頂嘴，之前也曾經犯過。好像是上個月吧？記得是埼玉的物流公司，呃，那家叫什麼名字？」

「我哪知道？」

「啊，抱歉，當時也是對方批評我們家的品質，我就忍不住回嘴了。所以我在想，這個習慣不好，一定要改掉。」

「蛤？」

話題一旦拉得太長，連說話者自己都會迷失方向，越講越偏。

「所以咧？結果到底怎麼樣？你中間扯太遠，我不知道你到底想說什麼。」

最後就會變成這樣。

平時跟朋友聊天、培養感情，用一般說故事的方式說話就好。但是，**面對不需要如此費心鋪陳的對象或情境，你可以先說結論。**

「**先說結論**，這個合作案我想先緩緩，原因是技術部長指出公司的定價有問題，前因後果是……」

只要這樣說，對話的大方向就不會離題跑太遠。

說話時盡量少用「時序鋪陳」

報告工作狀況和事情進度時，不該以時序進行鋪陳。一旦使用時序報告，很可能

沒有把結論說清楚，卻以為自己說過了。

因此，以下這類報告方式很可能挨罵。

「報告現況。從去年起，受到原物料調漲的影響，現場的議價變得窒礙難行，從三月開始，與客戶的定價交涉也出現談不攏的狀況。為了突破現狀，我在上個月召開對策研討會，目前正在檢視各個項目……」

「所以呢？」

「咦？」

「你上個月也說過一樣的話，結論呢？告訴我結論。」

你本來打算最後說結論，結果話還沒說完就被打斷了。這是因為通往結論的路途實在太漫長了。

這時候，請依照下列範例，嘗試先說結論，就能讓聆聽者邊聽邊點頭，輕輕鬆鬆把你的話聽進去。

「報告現況。**先說結論**，以後遇到需要議價的重要場合，希望本部長陪同前往。具體的客戶名單如資料所示，一共有十四家。接下來為您報告之所以做出這個決定的前因後果。」

說話容易離題的人，以後試試先講結論吧。要按照時序鋪陳，還要說得吸引人，不是一件簡單的事。

CHECK

回報狀況和進度時，先從結論開始說。

10

避免混淆重點！「舉例」盡量放最後

不…不是啦，一開始，
我也對他印象不好…
不過聊著聊著，發現他工作滿值得信賴…
完全聽不懂他想表達什麼。
我認為他在工作上值得信賴，決定和他簽約。
他交來的檔案，仔細到打破我對他的第一印象！
理想的表達方式
↑類似這樣，請先說結論！例子記得放最後。
啜飲…

先說主旨，再舉實例

需要條理清晰地表達時，先說結論。想要訴諸情感地分享話題時，結論放最後。

這個「原則」一旦被打亂，聆聽的一方就會完全抓不到重點。以下請看範例說明。

「今年剛進公司的A先生做事俐落，之前業務T先生在製作潛力客戶名單時，他也有主動詢問要不要幫忙，我認為他很適合當業務助理。T先生很感謝他喔，說他很懂得照顧別人，辦事能力強，個性又貼心。」

這段內容乍聽之下沒問題，實際上卻又完全聽不懂，令人摸不著頭緒。到頭來，他究竟想要表達什麼呢？

- 是A先生做事俐落嗎？
- 還是T先生對A先生讚譽有加呢？

・A先生很懂得照顧別人嗎？

・或是A先生很適合當業務助理呢？

整段話的因果關係未經整理，令人有聽沒有懂，搞不懂主旨是什麼。

此時請**先說結論，把舉例的段落往後擺**。

「**我認為，今年剛進公司的A先生很適合當業務助理。**他不懂做事俐落，又很懂得照顧別人。**例如**之前，業務T先生在製作潛力客戶名單時，他也有主動詢問要不要幫忙。T先生很感謝他喔，說他辦事能力強，個性又貼心。」

這就是先說結論的鋪陳法。

那麼，如果想要**訴諸情感，該如何表達呢？試試看把結論放後面吧。**

「業務T先生對今年剛進公司的A先生讚譽有加喔。對，就是那個很少誇獎人的T先生！他之前為了製作潛力客戶名單傷透了腦筋，A先生看見之後，主動上前幫忙。這讓T先生非常欣賞，大大稱讚他做事俐落，個性又貼心。**所以，我認為A先生很適合當業務助理。**」

以結論收尾時，語氣不妨放入感情。如果只是淡淡地說故事，會讓人越聽越想睡。

以上就是「先說結論」與「結論放最後」的兩種示範，重點在於「不要兩者混用」。如此一來，就能簡單明瞭地傳達語意。

CHECK

選擇「先說結論」或「結論放最後」，溝通時，有策略地表達你的想法。

11 確保不離題的「鐵軌表達術」①SDS法

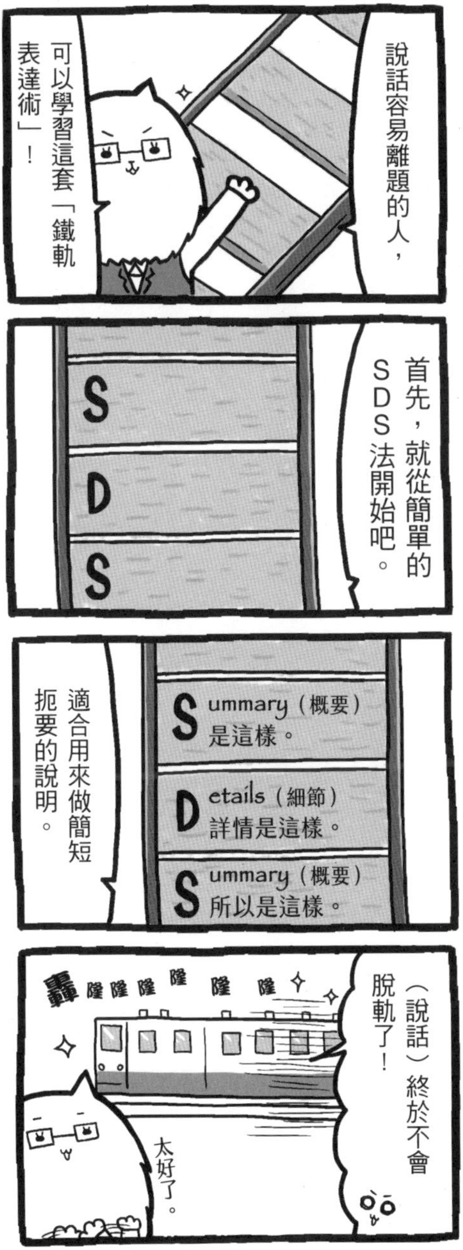

先說結論，最後再重複一遍

說話容易離題者，請奔馳在別人鋪好的話題軌道上吧。如此一來，就能輕鬆學會清楚且有禮貌的表達。

首先，把話題想像成列車，列車一旦脫離路線就糟了，所以我們要事先鋪設對話專用的鐵路。

以下為你介紹三種「表達軌道」，分別是「ＳＤＳ法」、「ＰＲＥＰ法」與「ＤＥＳＣ法」。

先從最簡單的ＳＤＳ法開始學吧。

・**S**ummary（概要）
・**D**etails（細節）
・**S**ummary（概要）

換言之，只要記住這個句型就行了。

- ・**S**ummary「是這樣。」
- ・**D**etails「詳情是這樣。」
- ・**S**ummary「所以是這樣。」

這是適合用來「簡短扼要說明」的表達術，例如：**自我介紹、產品介紹**等。以下實際示範使用ＳＤＳ法的自我介紹：

「我是最了解客戶的業務——田中。」⬇ **S 概要**

「說到客戶呢，每家公司的歷史、老闆的經歷、產品的開發故事、組織圖等，舉凡網頁上寫的所有資訊，我全部都記在腦子裡了。」⬇ **D 細節**

「所以，我是最了解客戶的業務——田中。一定要記住我喔！」⬇ **S 概要**

把結論和想強調的事，如同三明治一般夾起來，對方就能輕鬆記住。產品提案也能這樣介紹：

「本公司提供的服務，可以減輕貴公司兩成的通訊成本。」→ **S 概要**

「重點項目有三個：方案變更、使用方式教學、通訊品質管理。」→ **D 細節**

「藉由這三個重點項目，可以減輕貴公司兩成的通訊成本。」→ **S 概要**

如同範例，這種三明治的句型結構是表達的基礎：先說結論，再帶出細節，最後重複說一次結論，像這樣鋪上「表達軌道」，對話就不易離題。

CHECK

SDS法很適合用來做自我介紹和產品說明。

12 確保不離題的「鐵軌表達術」②PREP法

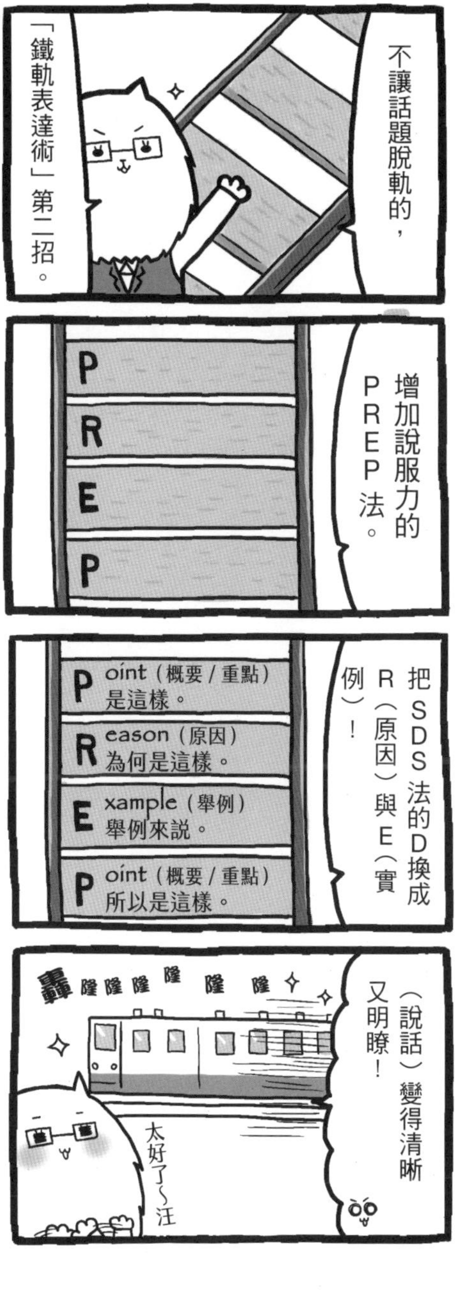
不讓話題脫軌的，
「鐵軌表達術」第二招。
增加說服力的PREP法。
P
R
E
P
把SDS法的D換成R（原因）與E（實例）！
Point（概要／重點）是這樣。
Reason（原因）為何是這樣。
Example（舉例）舉例來說。
Point（概要／重點）所以是這樣。
（說話）變得清晰又明瞭！
轟隆隆隆隆 隆 隆
太好了～汪

一聽就懂！讓說明增加說服力的表達方式

接著介紹PREP法。

・**P**oint（概要／重點）
・**R**eason（原因）
・**E**xample（舉例）
・**P**oint（概要／重點）

換言之，可以這樣記：

・**P**oint　「是這樣。」
・**R**eason　「為何是這樣。」
・**E**xample　「舉例來說。」

・Point　「所以是這樣。」

只要記得，把SDS法的Detail（細節）換成Reason（原因）和Example（實例）就行了。

這是相當有名的說服力句型，也是我最常使用的「表達軌道」，適合用在需要同時舉例的時候，例如：**報告結果、商量煩惱**等情境。

以下為你示範如何與人商量煩惱。

「我的煩惱是，不知該如何設計出可以解決客戶問題的提案。」➡ **P 概要／重點**

「原因有二，其一是我不擅長針對不同客戶發現問題。就算發現了，我也想不出解決方案。」➡ **R 原因**

「舉例來說，日前我向J公司提案，被課長質問問題出在哪，而我完全想不到。」

➡ **E 實例**

「所以我很煩惱，解決客戶問題的提案到底該如何設計呢？」➡ **P 概要／重點**

ＳＤＳ法在熟悉之後很容易化作習慣，在需要自我介紹、產品介紹時自然地使用。**而ＰＲＥＰ法則不同，在無法完全熟練運用前，建議先做好準備。**

為了能夠即興表達，平時我們就要在腦中先把想法做好歸納整理，準備數個「抽屜」以備不時之需。

無論如何，ＰＲＥＰ法都是相當好用、讓人一聽就懂的「表達軌道」，請將其融入日常生活，積極使用並趁早熟悉它吧。

CHECK

做好事前準備，整理好表達的順序再開口。

13 確保不離題的「鐵軌表達術」③DESC法

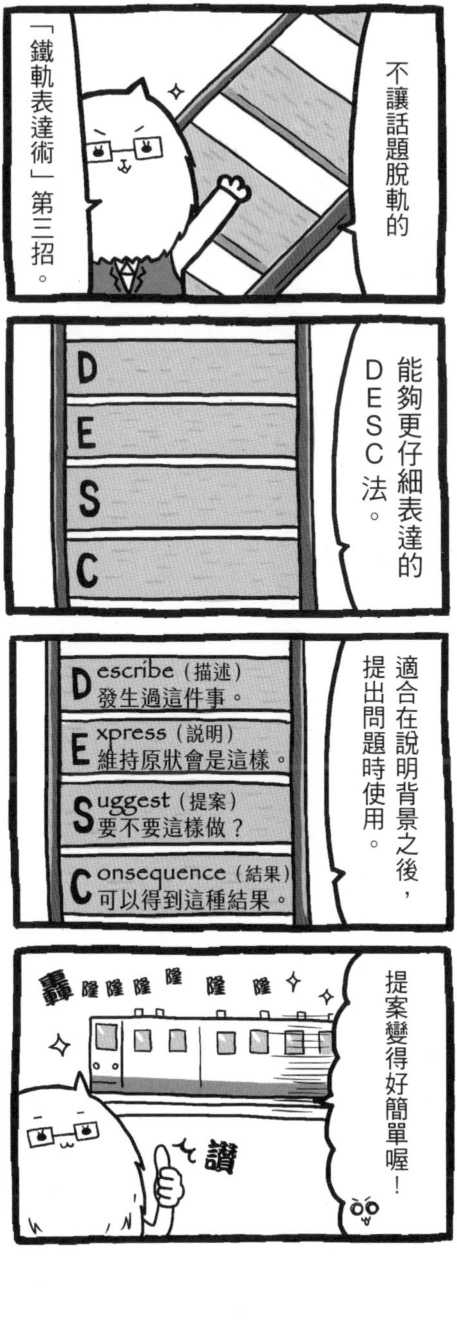

不讓話題脫軌的
「鐵軌表達術」第三招。
能夠更仔細表達的DESC法。
D
E
S
C
適合在說明背景之後，提出問題時使用。
Describe（描述）發生過這件事。
Express（說明）維持原狀會是這樣。
Suggest（提案）要不要這樣做？
Consequence（結果）可以得到這種結果。
提案變得好簡單喔！
轟隆隆隆隆隆隆
讚

提案時推薦使用DESC法

第三招是DESC法。和前面兩種方法相比，這是較少用到的句型。最後要介紹的DESC法是這樣的：

- **D**escribe（描述）
- **E**xpress（說明）
- **S**uggest（提案）
- **C**onsequence（結果）

換言之，可以這樣記：

- **D**escribe　「發生過這件事。」
- **E**xpress　「維持原狀會是這樣。」

・**Suggest**「要不要這樣做？」
・**Consequence**「可以得到這種結果。」

和句型直接的PREP法相比，DESC法是相對委婉細膩的表達方式。**適合在說明背景之後，提出問題及建議時使用。**

下面我用「對客戶提案」的情境來舉例：

「今年錄取的七名兼職人員裡就有四人辭職，去年的兼職人員也有四人辭職，已經連續三年人數都是負成長。」

⬇ **D 描述**

「再這樣下去，兼職人員的數量會持續減少，給正職員工帶來負擔。」

⬇ **E 說明**

「我建議，要不要調整兼職人員的錄取方式？使用本公司的服務，可以篩選出更願意久待的兼職人員。」

⬇ **S 提案**

「只要每年的兼職人員數量可以維持一至兩位的正成長，就能減輕正職員工的負擔，還能降低資深兼職人員辭職的風險。」

⬇ **C 結果**

和別人提案時，DESC法是清晰好懂的「表達軌道」，只要走在這個軌道上，保證不會脫軌。**先前介紹的PREP法屬於先說結論的表達方式，想用在提案上，需要你和對方的關係有友好基礎才會有效。**比方說：

「關於兼職人員的錄取方式，要不要試試本公司的服務？原因有二。」

在雙方關係友好的情況下，對方可以直接明白你的用意。

但是，在雙方還不熟悉彼此的情況下，建議先從「外圍描述」開始比較好，不要直接切重點，否則對方可能會被嚇到。這時選用DESC法表達就相當適合。

請記得，「介紹用SDS法」、「說明用PREP法」、「提案用DESC法」。依目的需求選擇適合的表達軌道，選定之後，只需堅定地走在軌道上。漸漸地，你就能從「離題大王」畢業了。

CHECK

配合不同目的，彈性使用三種鐵軌表達術。

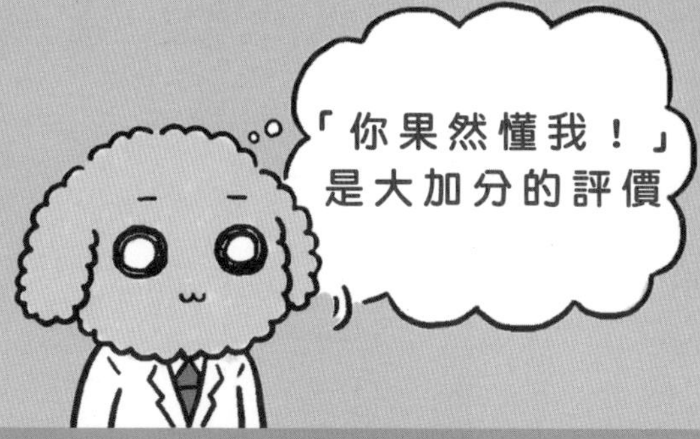
「你果然懂我！」
是大加分的評價

區分「錯誤的提問」與「討喜的提問」

5章

1 被當成「狀況外」會大大扣分

問了「狀況外」的問題會失去信賴

「你真懂！」可以說是一種信任感偵測儀。

若是時不時被對方誇獎「你很懂喔」表示受到信賴。相對地，如果常聽到「你不懂啦」，表示對方不怎麼信任你。

一次倒還沒關係，但假如同一個人對你說了兩三次，請務必當心。

以下使用對話來具體說明。

一位年輕業務員，前去拜訪正在應徵系統工程師的企業人事部負責人。

他們犯了同樣的錯，但……

「我聽說你們在應徵系統工程師，請問需要找熟悉電腦的人對嗎？」

年輕業務員這樣問，卻得到以下回覆：

「不需要熟悉電腦的人。」

「咦？可是，系統工程師不是擅長電腦的人嗎？」

「小子，你怎麼連這點事都搞不清楚？」

「不，可是……抱歉。」

「系統工程師是能配合顧客需求的系統設計師。」

「啊，對喔。」

而且，這種情況還不是一次、兩次而已……

「你真的處在狀況外耶。」

「你怎麼連這種事也不懂呢？」

這位業務多次收到客戶抱怨。

拜此所賜，儘管他進入公司已經三年，表現卻始終沒進步。原因就出在他無法獲得客戶的信賴。

問話問到心坎裡，好感度就會提升

但是，**自從他掌握提問的竅門，情況就截然不同了**！

「不愧是你，真懂我啊。」

「你還這麼年輕，卻很內行嘛！」
客戶紛紛表示佩服。

「他非常進入狀況。」
「他是年輕世代裡最懂門道的業務員。」
就連公司內部也對他佳評如潮。

那麼，究竟哪些問題會被人當成「容易對話離題」和「狀況外」呢？
接下來介紹五個代表的例子。

CHECK
你提出的問題，
決定了你的評價。

2 極力避免！對話地雷區的五種扣分提問

問錯問題會大扣分！

「這年頭很難應徵到新人呢，你們應該也很頭痛吧？」
「沒有啊，我們沒有遇到這種狀況。」
「但年輕人不是都不想做建築業嗎？」
「你真的搞不清楚狀況耶，到底是誰認定建築業沒人想做的？」
「咦！」

對商業人士來說，「提問力」是極為重要的技能。想要贏得客戶和上司的信賴，

需要極力避免的五種扣分提問

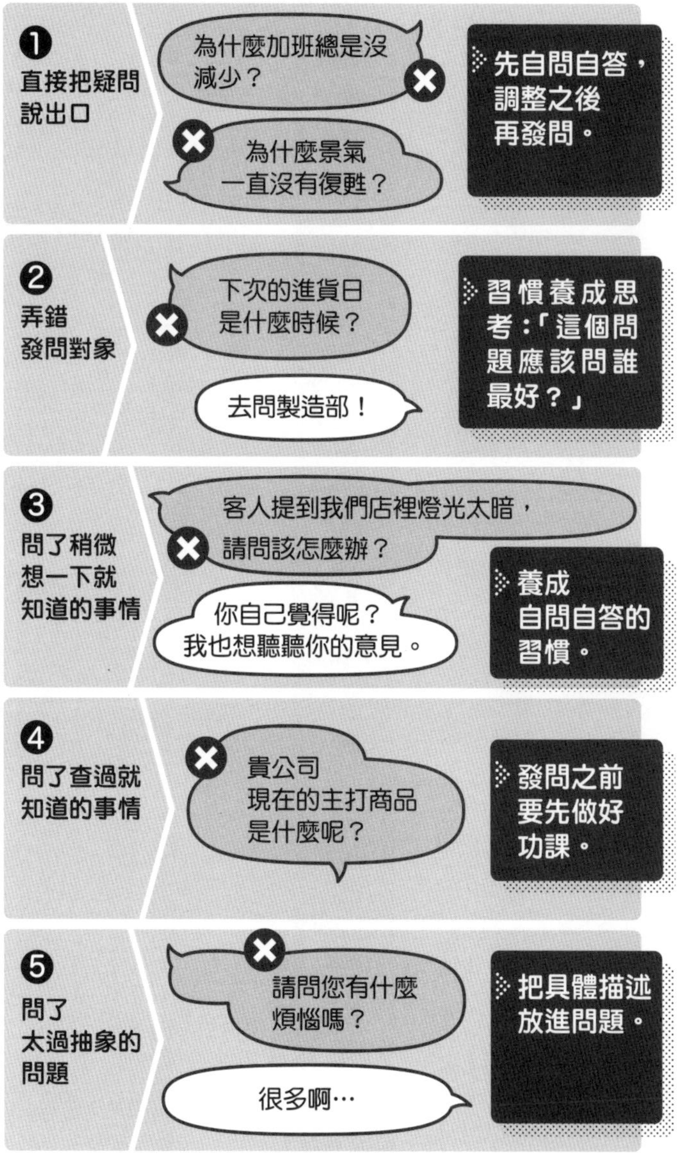
❶
直接把疑問說出口
為什麼加班總是沒減少？
為什麼景氣一直沒有復甦？
先自問自答，調整之後再發問。
❷
弄錯發問對象
下次的進貨日是什麼時候？
去問製造部！
習慣養成思考：「這個問題應該問誰最好？」
❸
問了稍微想一下就知道的事情
客人提到我們店裡燈光太暗，請問該怎麼辦？
你自己覺得呢？我也想聽聽你的意見。
養成自問自答的習慣。
❹
問了查過就知道的事情
貴公司現在的主打商品是什麼呢？
發問之前要先做好功課。
❺
問了太過抽象的問題
請問您有什麼煩惱嗎？
很多啊…
把具體描述放進問題。

提問力是關鍵的一大利器，用得好就能大幅提升好感度，例如：
「你真懂！」
「你很內行喔！」
因此，我們必須懂得提出「好的問題」。**要注意的是，缺乏提問力，也會使印象分數大大地扣分。**以下為你介紹五種應該避免的扣分提問。

①「直接」把疑問說出口

「課長，為什麼營業額都沒有增加啊？」
「咦？怎麼了嗎？」
「沒有啊，我只是在想為什麼。」
「不要突然問我啊！」

如同例句，有些人會想到什麼就直接問什麼。

這些問題就像在問：「為什麼天空這麼藍？」「為什麼飛機不會掉下來？」對方當然會感到無奈。

「為什麼加班的情況總是沒改善？」
「為什麼景氣一直沒有復甦？」
「部長又發怒了，他到底有什麼不滿？」

任何人收到這類問題，恐怕也只能回：「天曉得……」「不要問我，我怎麼知道？」

提問本來就需要經過設計，這在商業領域尤其重要，請養成仔細設計提問的習慣。

因此，**我們不該把突然想到的問題，毫不修飾直接問出口。**

就像小孩總是會沒來由地不停問著：「為什麼？為什麼？」成年人若是跟小孩一樣，動不動就「想到就問」，對方一定不想理你。

那麼，我們究竟應該如何發問？

請先自問自答，好好調整問題。

「為什麼營業額都沒有增加？每次推出新產品，都會暫時提升買氣啊，這次卻毫無動靜，對不對？」

像這樣稍微編排設計一下，聽的人就不會覺得難以回應，可以輕鬆說出：

「啊啊，那是有原因的……」

②弄錯「發問對象」

接下來的扣分提問是弄錯發問的對象。

「我想去便利商店影印資料，請問要怎麼做？」

「怎麼會問我呢？去問便利商店的店員啊。」

一旦搞錯發問的對象，就會收到「怎麼會問我呢？」這樣的句子。

「課長，部長要我擬定企劃會議的流程，我該怎麼做？」

「去問部長啊。」

「下次的進貨日是什麼時候？」

「去問製造部，我也不知道。」

「問錯人」的情形很好解決，只要改變詢問對象就行了。這跟「直接問出口」很相似，不是隨口找人問一下就能得到答案。

所以，對方若是回應「不要問我」，事情反倒還有轉圜的餘地。**最糟糕的情形莫過於得到錯誤的答案。**

「下次的進貨日是什麼時候？」

「我也不知道，大概是下星期五吧？」

「下星期五啊，謝謝。」

要是演變至此，事情就糟糕了。**養成思考「誰最適合問這個問題」的習慣，提問要問對人，而不是想到就隨口去問好聊的人。**

③問了「稍微想一下就知道的事情」

「客人提到我們店裡燈光太暗，請問該怎麼辦？」

「你自己覺得呢？我也想聽聽你的意見。」

「呃，我……」

「錯了也沒關係，我希望你能自己思考後再發問，這樣對你比較好，你才有機會成長。」

「仔細想想，是這樣沒錯。」

第三個扣分提問是「想了就知道的事情」。

「經你一說，確實如此。」

「仔細想想，是這樣沒錯。」

常說這些話的人，請注意，你欠缺的可能是思考的習慣。

發問之前，請先養成自問自答的習慣，問自己：「這是我自己思考後就能知道的事情嗎？」

④問了「查過就知道的事情」

第四個扣分提問是「查過就知道的事情」。這跟「想過就知道的事情」很類似，但是難度更低一點。

「我下週要去拜訪客戶，請問需要準備什麼？」

「需要準備什麼，不是稍微思考一下就知道了嗎？」

「經你一說，確實是。」

這是「想了就知道」的問題。而「查了就知道」的問題是這樣：

「下週要去拜訪的客戶，公司規模大概是多少人？」

「這點小事你可以自己去查啊，查了不就知道了嗎？」

「經你一說，確實是。」

世界上有許多事情即使想破頭也不知道。這是經驗不足、知識不足所導致的思考盲點。

但是，查過就會知道的事情沒有難度，請自己去查。面對客戶也要抱持同樣的心理，如果是「貴公司目前所面臨的問題是什麼呢？」，這類問題倒還沒關係。

「貴公司現在的主打商品是什麼呢？」

如果是這種問題就糟了。

「你連我們家的官網都沒看過就直接來了嗎？主打商品只要看過官網或公司的簡介手冊就知道了！」

對方很有可能這樣生氣回覆。所以，**我們一定要事前做好功課。**

⑤問了「太過抽象的問題」

「最近怎麼樣？」

「咦？最近嗎？」

「是啊，有沒有什麼煩惱呀？」

「煩惱嗎？很多耶……」

「願聞其詳！」

「可是，我根本不知道該從何說起啊……」

第五個扣分提問是「太過抽象的問題」。**如果只是問個「大概」，對方也會無法對焦。**所以……

「到底要我回答什麼？」

對方當然會這麼想，最後只好隨便回一下，

「反正……就有些事情啦。」

如果不想得到敷衍的答案，**請把具體的描述放進問題裡**。

「上個月十七號，你們不是有參展嗎？感覺怎麼樣？」

只要這樣問，對方回答就能順利對焦，不會毫無頭緒。

「上個月的展覽會嗎？人是很多啦，但目標客群不多呢。」

如此一來，對方也能輕鬆回應。

以上就是五個「扣分提問」。記得「先設計問題」再發問，就不會老是狀況外。抓住重點、做好功課再去叨擾別人。

接下來，我將針對「如何準備討喜的提問」做詳細解說。

CHECK

加以調整五個NG的扣分提問，就能增加提問力！

3 「必知情報」有哪兩項？

多收集情報可以獲得信賴

「你很懂耶。專務董事那邊雖然沒問題了，但部長還很難說。」

這些帶有「你真懂」、「你真內行」的句子，表示對方相當信賴你。他們認可你的能力，願意在你遇到困難時指點迷津。

為此，**請熟記與公司、部門、產品相關的資訊和情報。**

其中的「必知情報」有這兩項：

①基本資訊 ⬇ 極少變更。
②最新情報 ⬇ 時時刻刻在改變。

好好記住這兩項就能無往不利。

「你們最近開發了新產品對吧，市場反應如何？」
「您知道得真清楚，反應相當不錯呢。」

如此一來，就能和客戶拉近距離。

CHECK
拜訪之前，務必熟記「基本資訊」及「最新情報」。

4 有助於提問的三個「基本資訊」

先收集「查了就知道」的資訊

如前所述，**首先介紹「①基本資訊」**。

只要記住這些資訊，就能在別人心中留下好印象。

請問，你對自己任職的公司了解多少呢？

業務員面對客戶時，也要留意一樣的事情。

以下是需要熟記的項目。

事先收集「查了就知道的資訊」

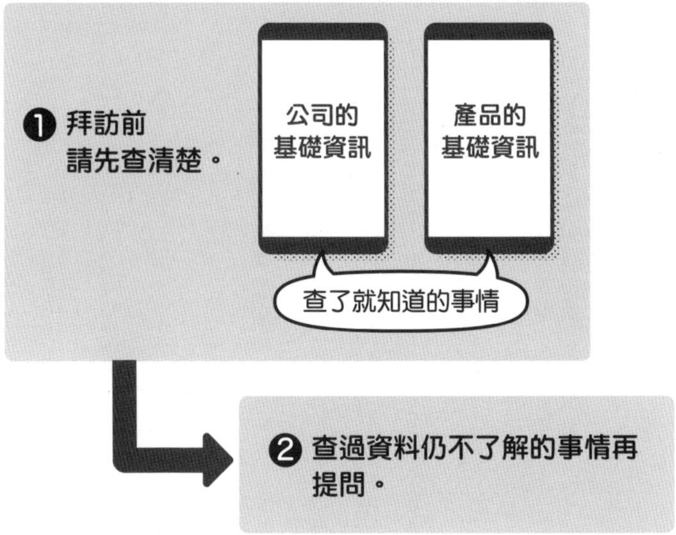
❶ 拜訪前
請先查清楚。
公司的
基礎資訊
產品的
基礎資訊
查了就知道的事情
❷ 查過資料仍不了解的事情再
提問。

【公司的基本資訊】（自家公司、客戶）

- 沿革、歷史
- 理念、願景
- 老闆的核心想法、價值觀
- 員工和主管的名字
- 組織圖

接著是「產品」。自家產品當然要熟記，但是客戶的產品也同等重要，請務必記住基本資訊。

【產品的基本資訊】（自家公司、客戶）

- 系列產品

・主力產品名稱　・產品的開發故事
・產品特色和機能　・可以解決哪些客群的問題等

第三項是「個人情報」。具備前輩、上司和客戶的基礎認識，就能擄獲人心。

【個人的基本資訊】
・名片資訊（姓名、職位頭銜、所屬部門等）、工作內容
・技能、證照、家庭成員、興趣等

這些基本資訊又分為以下兩種：

①查了就知道的事。
②問了就知道的事。

因此，請先透過官方網站、社群平台、公司簡介和簡章手冊等媒體收集情報吧。會熟記這些資訊的人並不多，只要用心做好功課，必定能留下「你懂得真多！」的好評價。做完初步功課後，如果還有不了解的資訊，我們就可以提問了。

「方便請教關於貴公司主力產品A的開發故事嗎？我查遍了你們家的官網，都沒有找到相關資料。」

只要這樣提問，對方一定會欣然回答：「喔！這要問技術課的T先生，他比較清楚，我介紹你們認識。」把握機會，好好運用這種方式持續收集必要的基本資訊。

CHECK

收集完能輕易查到的相關情報後，再來請教不明白的事情。

5 學會「情報收集」的技巧

切記不要遺漏「自家情報」

「課長，我們下個月要參展嗎？」

「咦！你不知道？」

「我聽客戶說了才知道。」

「喂喂！自家的事情，麻煩你用心追蹤好嗎？」

有時人們會意外遺漏了自家的情報消息。

因此，**請在熟記公司、產品、個人基本資訊後，隨時收集與其相關的最新情報。**

提升敏銳度、多多打開接收的天線吧。

這些情報資訊也分為以下兩種：

①查了就知道的事。
②問了就知道的事。

如果有公司網站、社群平台或公司內部留言板，不要忘記隨時上去巡一下有沒有新動態。

公司通常會在官方網站更新情報，或在社群平台發布最新動態，請至少把這類文章標題都看一遍。

最新情報這樣查

請定期追蹤與公司相關的活動、新產品、特賣會、公開新聞情報等最新資訊。

公開新聞這類資料很容易不小心漏掉。

可以的話，地方報等刊物也不要忘記檢查。

試想，假如客戶跟你說：

「你們公司最近上了地方新聞對不對？」

結果你卻不小心回道：

「咦？是喔？」

對方一定會想：

「他連自家公司的事情都不知道，一定不會關心我們家的事。」

同事和客戶的個人情報也不能疏忽

上司、前輩與客戶的個人相關消息也要適度關注。比方說，聽聞上司的女兒感冒了，可以表達關心：

「您女兒還好嗎？這個工作交給我來，您早點回家吧。」

如此一來，上司就會對你印象大加分。

聽到客戶調部門時，也可以事先收集情報，這樣提問：

「您新調動的部門是直屬於K分社長的吧？會不會很操？」

「你很懂耶！」

「我聽部長說過，K分社長是對工作要求很嚴格的人。」

「沒錯，真的是這樣！但也只能努力做啦。」

「有需要協助的地方儘管說，不要跟我客氣喔。」

熟記基本資訊後，記得隨時關注最新情報，如此一來，別人就會覺得「你很內行」。

CHECK

自家情報也要好好關注，與客戶溝通時才不會尷尬。

6

不知道就太可惜了！提問的三大功能

學會這些，提問力保證大升級

想要迴避「扣分提問」，就要好好運用提問的三大功能。

善用功能發問，就能提升提問力，同時拉高被對方稱讚「你真懂」的可能性。

提問的三大功能如下：

①了解不知道的事情。

②請對方思考。

③替對方整理思緒。

尤其是「③替對方整理思緒」，我們一定要學會這項功能。

以下是我剛出來當顧問時，實際遇到的案例。當時，我和某位擔任業務部長的客戶開會。

「請問這個計畫案是誰負責帶領呢？」

「是我這個部長負責的。」

「計畫案的負責人，一直是部長您嗎？」

「咦？對啊……」

「為什麼呢？」

「呃，不為什麼啊，因為我當部長嘛。」

「你們公司規定部長一定要兼任計畫案負責人嗎？」

「這倒沒有……」

「我的其他客戶，擔任部長職的人幾乎都是旁聽者，所以我才感到奇怪。」

「那他們都是由誰帶領計畫？」

提問的三大功能

❶ 了解不知道的事情

如果
稍微有點頭緒…

這份簽呈
是不是應該先由
部長您收著呢？

如果
毫無頭緒的話…

這份簽呈是不是
應該先由其他人
收著呢？

❷ 請對方思考

假使雙方關係良好，
可以善用疑問詞「5W2H」進行有效提問。

何時？（When）	「應該做到何時呢？」
誰？（Who）	「誰會喜歡這項服務呢？」
什麼？（What）	「這項產品有什麼特色呢？」
何處？（Where）	「應該放在何處呢？」
為何？（Why）	「這項事業為何成功呢？」
如何？（How）	「該如何提案呢？」
多少？（How Much）	「做了之後，〇〇增加了多少呢？」

❸ 替對方整理思緒

- 把東西分為「需要」與「不需要」
- 按照順序列舉

留意這兩項訣竅，反覆發問。

「通常都是組長或年輕員工喔，好讓他們累積經驗。」

「原來如此……唉，也對，我知道了。」

當時由於計畫案進行得並不順利，所以我才會那樣對部長提問，部長聽了之後……

「沒錯，就是因為我一直擔任計畫案的負責人，其他組員才沒機會成長。每次和你談話，都有助於我整頓思緒，真的很謝謝您！」

一番交流後，他相當感謝我的幫助。沒錯，提問是具有力量的，能夠讓對方思考、察覺盲點，進而整理思緒，對方也會因此謝謝你。因此，請務必掌握提問的每項功能和好處，當一個擁有提問力的人吧。

那麼，我們接著按照順序來深入介紹提問的三大功能。

①了解不知道的事情

提問是用來了解未知事物的對話工具，這是提問最基本的功能。

如同前述，請先熟記基本知識或資訊，如果稍微有頭緒的話，便採用封閉式提問（是或否）。若是毫無頭緒，就採用開放式提問（可以自由回答的問法），請視情形靈活應用。

〈如果稍微有點頭緒的情況……〉

「這份簽呈是不是應該先由部長您收著呢？」

〈如果毫無頭緒時……〉

「這份簽呈是不是應該先由其他人收著呢？」

只要掌握這兩種模式，就能有效釐清「不知道的事」。

②請對方思考

提問的次要功能是「請對方思考」。我們常常會在希望對方多加思考時使用提問，此時可善用疑問詞「５Ｗ２Ｈ」來提高效率。

・**何時**？（**When**）

（例）「應該做到何時呢？」

・**誰**？（**Who**）

（例）「誰會喜歡這項服務呢？」

・**什麼？（What）**

（例）「這項產品有什麼特色呢？」

・**何處？（Where）**

（例）「應該放在何處呢？」

・**為何？（Why）**

（例）「這項事業為何成功呢？」

・**如何？（How）**

（例）「該如何提案呢？」

・**多少？（How Much）**

（例）「做了之後，○○增加了多少呢？」

但是有一點需要注意，「請對方思考」的提問方式，相當看重彼此的關係，倘若雙方還沒建立交情……

「為什麼我非得接受質問不可？」

對方可能會這麼想。請看以下例句：

〈如果彼此的關係不夠緊密〉

「課長，請問這場會議有什麼意義呢？」

「你不會自己動腦思考嗎？」

〈如果彼此的關係互信互賴〉

「課長，請問這場會議有什麼意義呢？」

「有什麼意義嗎……我不知道該怎麼回答。」

「請問每週開一次兩小時的會，一年五十次，能帶來什麼效果呢？」

「好問題，我確實應該重新省思開會的目的……」

在彼此關係良好的前提下，對方會誠摯地接受提問，因而產生「我有必要重新思考」的念頭。

透過再次思考，對方可以從中獲得新的啟發，也會因此感謝你。

「你的提問讓我重新思考了開會的目的，謝謝你提出這麼好的問題。」

③替對方整理思緒

我們繼續往下看，提問還具有「替對方整理思緒」的功能。就算不是刻意為之，當某人問了問題之後，

「謝謝你，我的腦袋清楚多了。」

有時會收到這句意外的回應。儘管只是無意間的發問，也能促使對方自發性地思考，藉此釐清思緒。

想要幫助對方整頓思路，首先要準備各種有助於促進思考的問題。此時可以把已知資訊分段提出：

「這個計畫案的目標是什麼呢？」

「為了開發新產品。」

「計畫案會在什麼情況下結束呢？」

「提交給老闆、獲准進行後就結束了。」

「多久會開發完成呢？」

「多久啊……最好在今年之內完成。」

「在剩下的四個月內完成嗎？」

「咦？只剩四個月嗎？不對，現在已經九月了，剩下四個月不到。」

「最晚要何時提交給老闆？」

「經你一說，老闆十二月都很忙。」

「也就是說，十一月中一定要交？」

「真糟糕，這下沒時間了。」

「要不要先來確認，十一月提交給老闆前，應該注意什麼呢？」

「沒錯，就這樣辦！」

訣竅只有兩個，記住它們準沒錯。

- **把東西分為「需要」與「不需要」**
- **按照順序列舉**

無論對象是老闆還是分店長，都沒有關係。

再怎麼厲害的人，也一定會有自己的盲點。你只需要以客觀的立場提出問題，幫助對方整頓思緒。

請留意這兩個訣竅，反覆提問。越厲害的人，越能老實接受提問，並且誠懇表達謝意，「多虧了你，讓我的腦袋清醒過來。」你也會為自己贏得莫大的信賴。

CHECK

掌握提問的三大功能，好問題有助於建立好關係。

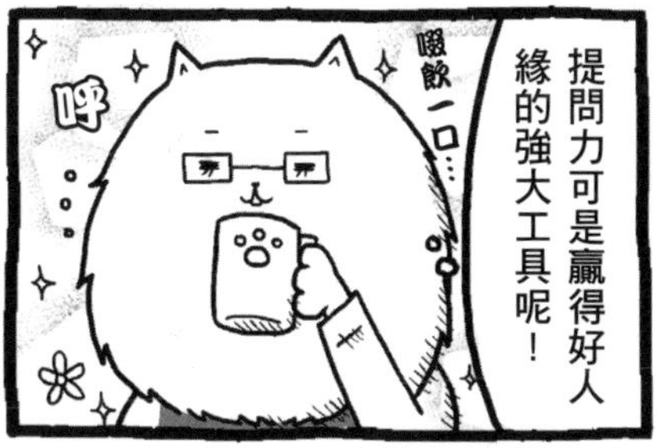
提問力可是贏得好人緣的強大工具呢！
啜飲一口…
呼

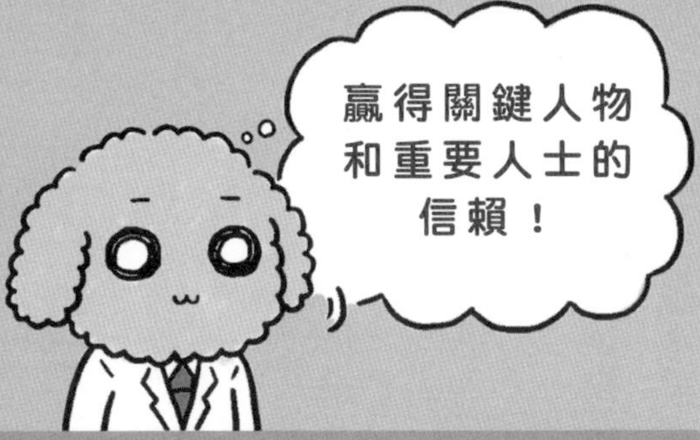
贏得關鍵人物
和重要人士的
信賴！

瞬間拉近距離的進階說話術

6章

1 如何按下對方的「話匣子開關」

按下開關的時機是？

想要獲得關鍵人物和重要人士的莫大信賴，就要讓對方產生「好想多說一點！」的念頭才行。

為此，我們必須按下對方的「話匣子開關」。

切換為話匣子模式之後，他們將如水庫洩洪，對你的回應和提問滔滔不絕地回答，瞬間拉近距離。

那麼，我們應該在何時按下開關呢？

所謂的好時機，就是對方發出信號暗示「快點察覺」、「我有事想說」的時候。

只要把握機會，對方就會進入「好想多說一點！」狀態。

他正在發出信號！

請看以下對話例子，這是年輕業務員與前輩主任的日常交談。

「主任，聽說您太太之前住院了，有沒有好一點？」

「謝謝關心，她上週出院了。」

「太好了，我很擔心耶。」

「不，接下來才要開始變忙。」

「咦？但是，太太不是剛出院嗎？」

「嗯……因為之後會多一個家族成員啊。」

「咦？啊！原來是這樣！恭喜你們！」

就是現在！

儘管沒人問，對方卻若有似無地主動提起自己的事，這就是：

「快點察覺！」

「我有話想說！」

也就是對方打出的暗號。

這時，請大方地按下話匣子開關！

換上驚奇讚嘆的表情及興奮的反應接連提問，鼓勵對方多多分享吧。

「這是你們夫妻的第一個小孩，對不對？」

「就是說啊，我緊張死了。孩子還沒出生，我父母已經興奮到不行了。」

「這是第一個孫子，對嗎？」

「對啊，其實啊，**關起門來說**……」

這句「關起門來說」，就是水庫即將洩洪的意思。

「拜託和我分享，我最喜歡聽這個了！」

「哎唷，不能說出去喔，我父母啊，上個星期天⋯⋯」

即便對方聊的內容你不是太感興趣，也要好好給予回應。**裝裝樣子也沒關係。**

回話沒有反應，說話的人興致就會消退

相對地，假設對方拼命丟出「快點察覺」、「我有話想說」的球出來，你卻沒有接住，結果會怎麼樣呢？

「不，接下來才要開始變忙。」

「欸，是喔？」

「嗯……因為之後會多一個家族成員啊。」

「喔～辛苦了。」

「……」

對方得到這種回覆很快就會冷掉變淡了。儘管不是有意的，但主任只是很想說：

「我太太懷孕了。」

「我的第一個孩子即將在明年春天誕生。」

這兩件事讓他興奮不已，很想找人分享。

回應這份期待可以鞏固彼此的關係，所以即使只是日常對話，也別放過任何表達共鳴的時機。

本章接下來將繼續為你介紹讓對方「好想多說一點！」的必勝模式。

CHECK

與人交談時，要仔細察覺對方發出的「好想多說一點」信號！

2 學會兩個「必勝模式」，任何人都想跟你再多說一點！

絕對不能無視的「婚喪喜慶」話題

與人對話互動時絕對不能漏接的暗號，就是婚喪喜慶的相關訊息。**所以，請經常留意周遭的人是否有結婚、生子、親人過世等人生的重要事件。**

「部長，您最近是不是瘦了一點？」

「其實啊，我最近才剛卸下肩頭的重擔。」

「咦？卸下肩頭的重擔是指……？」⬇ 咚

「沒有啦，其實是我女兒終於離巢啦。」

「離巢？啊，結婚了嗎？」⬇ **咚**

「嗯，就是這樣……」

「哇哇！我要大聲說恭喜！」⬇ **噠——！**

面對結婚之類的消息，無須顧慮，請大膽使用第二章第五節介紹的「咚、咚、噠——！」來回應吧。

這不是常有的事情，只要表現出興趣，對方一定會接著說下去，開啟暢聊模式。

「我要發自內心恭喜部長！」

「老實說，我完全沒想到會有人把她娶回家。」

「女兒出嫁後，部長會不會寂寞？」

「這個嘛，意外地不會呢。」

「咦？」

「反倒是我太太變得無精打采。」

「原來是這樣，想必母女感情很好吧？」

「嗯，有很多回憶，你要聽嗎？」

「不嫌棄的話，當然好啊！」

對方一旦進入「好想多說一點」的暢聊模式，不管對象是誰都會忍不住分享。

不用在意這個人是不是只見過兩次面的客戶，或是其他部門的主管、你們之前關係好不好之類的。

別打斷對方，你只需要讓他大聊特聊。

難過的事也需要人傾聽

除了開心的好事會想找人分享，有時悲傷的事也需要傾聽者。

「我下星期一休假，要回千葉老家一趟，會議可以選其他日期嗎？」

讓人「好想多說一點」的兩種模式

❶ 婚喪喜慶的相關話題

結婚、生子、親人過世等人生重要事件的相關話題，請好好接住並給予回應。

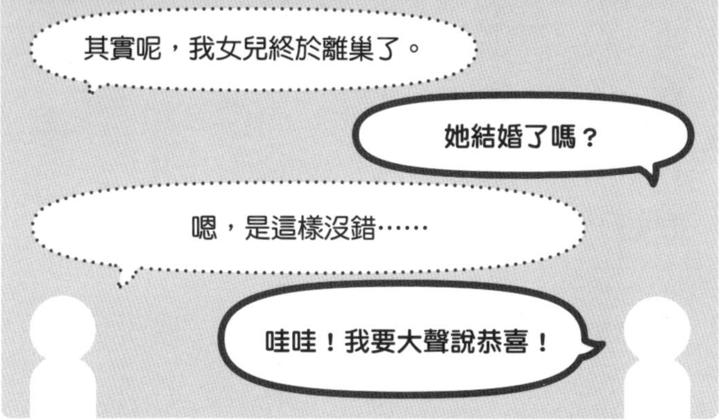

其實呢，我女兒終於離巢了。
她結婚了嗎？
嗯，是這樣沒錯……
哇哇！我要大聲說恭喜！

❷ 找出對方「獨特的堅持」

平時就要訓練感知度，觀察對方的言行舉止與習慣物品。訣竅在於，就算那是自己熟悉的物品，也要假裝不熟悉。

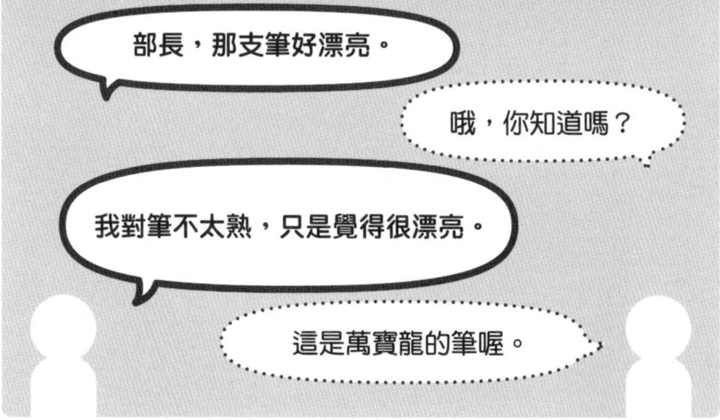

部長，那支筆好漂亮。
哦，你知道嗎？
我對筆不太熟，只是覺得很漂亮。
這是萬寶龍的筆喔。

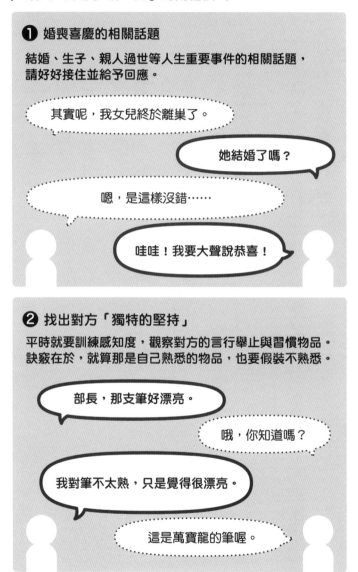

「好的。您的故鄉在千葉嗎？」
「是啊，我已經十年沒回老家了。」
「咦，這樣啊？」
「我和父母關係很微妙，不過……」
「發生了什麼事？」
「也沒有啦……我爸大約從三年前起反覆住院。」
「天啊。」
「他過世時八十八歲，已經算是長壽了。」
「原來是這樣……」
「我不回老家，其實是有原因的。」

即使彼此的關係不是特別熟稔，人在難過的時刻，也會希望不管是誰都好，好想要有一個人來傾聽自己說話。

此時請靜靜傾聽、適度給予回應，讓對方說出自己想吐露的部分就好。重點是給人「認真傾聽」的印象。

你認真的表情和態度，會為對方帶來強烈的安心感。

嗅出他人生活中「獨特的堅持」

接著要關注他人「獨到的堅持」。**平時就要刻意訓練自己的感知度，多觀察對方的言行舉止與習慣使用的物品，才不會錯過這些訊息。**

「部長，那支筆好漂亮。」

「哦，你知道嗎？」

「不，我對筆不太熟，只是覺得很漂亮。」

「這是萬寶龍的筆喔。」

「我聽過萬寶龍。」

「我讀大學的時候，看見教授使用這支筆而心生嚮往，特別打工存錢買下的。」

「是喔！從大學用到現在？」

「沒錯，已經用將近二十五年了。」

「太厲害了！」

「維修雖然很麻煩，但越用越有味道。」

「因為擁有歲月的痕跡嘛。」

「我靠這支筆談成了許多生意，與它共同創造不少回憶呢。」

「我想聽！」

著眼點在「與眾不同」。去發掘那些每個人與眾不同的「堅持」吧。**人越是身處重要的位置，越容易擁有個人獨到的堅持。**需要小心的是，就算自己很熟悉這項物品，也要裝作不太熟悉。

「你知道萬寶龍嗎？」

對方如此詢問時，即便你對這個品牌很清楚，也不要搶著發話。

「我只聽過名字，可以告訴我嗎？」

像這樣說說看，對方會更加雀躍。

「好，我跟你說……」

聽到的人就會開始興奮地和你分享。只要讓對方說出類似的話語，之後的氣氛就會很熱絡。

我因為工作性質，見過不少頂尖業務員，這些敏銳機靈的業務員總能很快觀察出客戶們一直默默執行的「獨特的堅持」，然後在互動中藉此迅速拉近彼此距離。

一秒抓住人心的銷售話術

某位保險業務員在初次和客戶見面時，問了這個問題：

「您是巴塞隆納足球俱樂部的球迷對不對？布斯克茲超強的，對吧？」

這個問題馬上就讓客戶眉開眼笑。

「你內行喔！梅西和伊涅斯塔是很帥，但巴薩就是要看布斯克茲。」

這位業務員就這樣一秒掌握人心，立刻成交一個客戶。

其實，他在拜訪前就先瀏覽過客戶的社群帳號，發現客戶的孩子穿著塞爾吉奧・布斯克茲球衣的照片。就是因為事先掌握了這項情報，初訪時才能精準提問。

與人互動時，請留意對方的「與眾不同」，也就是**跟一般人不太一樣的小地方**。要做好這點，我們平時就要多方吸收「普通、一般、主流」的相關知識，才能一眼判斷哪裡不同。

不被身旁親友理解的喜好突然獲得了認同，對方一定會認為「跟你很有話聊」。

CHECK

找出對方與眾不同的「堅持」，若無其事地問問看。

3 就算話不多也沒問題！讓人「無私分享」的三大招

能讓人說出「關起門來說」就對了！

「新產品終於要在本月上市了，對不對？」
「沒錯沒錯！」
「這次是不是比之前投入更多心血？」
「對啊，其實關起門來說，我們家老闆啊……」

你有沒有過類似經驗？剛認識話很少的人，隨著互動越來越多，漸漸變得只對你「關起門來說」。

你也許會感到意外，但世界上有不少人喜歡跟交情好的業務員，暢聊一些不方便向同事提及的事情。與年齡、地位無關，一旦成為無話不談的交情，對方就會很樂意對你「關起門來說」。

那麼，**究竟該怎麼做，才能和沉默寡言的人，發展為這種交情呢？**

以下介紹三大招教你學會高段的提問技巧，無論面對任何對象，都能讓他「敞開心房」。

大招① 詢問「獨一無二的事情」

想要和話不多的人成為朋友，首先要努力了解對方。只是，建議不要使用一般人常用的兩大問句：

「你的興趣是什麼？」

「你週末都在做什麼呢？」

原因很簡單，大部分的人都無法立刻回答這兩個問題。舉例來說：

「你的興趣是什麼？」

「我的興趣是釣魚，平時想的事情都跟釣魚有關。」

能這樣秒答的人，數量應該相當稀少吧？絕大多數人都會「茫然」回應：

「興趣啊……我以前很喜歡玩重機，但現在家裡孩子還小……」

「週末做的事？很多耶……我要接送孩子去練足球、招待親戚來作客，還要煮飯、工作……」

如果對方的答案不明確，我們也只能「茫然」回應。問題是，如果僅止於這種閒談，想發展為無話不談的交情將十分困難。

所以，**請先丟出「好回答的問題」。重點只有一個：詢問獨一無二的事情。**

舉例來說，「地點」、「過去」、「時間」、「名字」都是獨一無二的，因為不容易重複，所以很好回答。我們可以先設計幾個問句。

「你現在的公司位在哪裡呢？」

「千葉站附近。」

「你住在哪裡？」

「木更津。」

和話少的人對話的訣竅

❶ 詢問「獨一無二的事情」

〈對方「容易回答的問題」〉

你從事這份工作幾年了呢？

你任職的部門名稱是什麼呀？

❷ 提問要簡潔有力！

你在哪裡任職呢？

在富山站附近嗎？

❸ 分成三～五次問

〈三～五次都是詢問相同主題〉

你喜歡哪一類料理？

哦？重口味的嗎？
比方說，中華料理？

御好燒！不錯耶。
你喜歡哪種口味的御好燒？

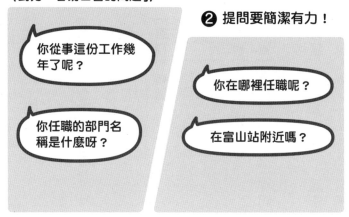

「你從事這份工作幾年了呢？」

「已經八年了呢……」

「怎麼稱呼你的任職單位？」

「行銷企劃部。」

「家裡有幾個人？」

「先生和兩個小孩，共四人。」

假如對方積極提起家人，可以順便問「小孩叫什麼名字？」「小孩今年幾歲呀？」，藉此漸漸暖場。可以聊的話題很多，從簡單的資訊開始就好，例如：

- **家鄉**
- **畢業大學**
- **居住地**
- **公司位置**
- **任職部門**
- **公司人數**
- **從事這份工作多久**
- **進入這家公司幾年**

・年齡　・家庭成員　・孩子的名字　・孩子的年齡

試試看吧，聊天將會變得意外地輕鬆容易。

大招②　提問要簡潔有力

接著是「提問要簡潔有力」。和話少的人聊天，尤其需要注意這點。比方說，我們可以用下列短句發問：

「你在哪裡任職呢？」
「富山營業所。」
「離富山站近嗎？」
「從車站過去徒步五分鐘。」

「營業所裡有多少人？」

「大約三十人左右吧。」

試試看簡潔有力的問法吧。**請把句子控制在二十字左右。**

問句太長不但會破壞節奏，還會突顯對方的回話相對簡短。

以下介紹問句太長的不佳例子：

「你在哪裡任職呢？」

「富山營業所。」

「富山啊，我之前也常常去富山喔！前公司在名古屋，那裡也有很多來自富山的客人。請問離富山站近嗎？」

「從車站過去徒步五分鐘。」

「富山站附近很方便欸。對了，營業所有多少人？我只是單純好奇。」

「大約三十人左右吧。」

在發問前聊起自己的想法、說明詢問的理由等，都會拉長問句本身。
與其如此，不如多留意臉部表情、注重「咚、咚、噠——！」的節奏、回答的反應，以及第二章第四節介紹過的回溯法，就不會顯得句型過於呆板。

以下實際舉例：

「你在哪裡任職呢？」

「富山營業所。」

「在富山啊。」

「是的。」

「離富山站近嗎？」

「從車站過去徒步五分鐘。」

「哦哦，徒步五分鐘，很近呢。」 ⬇ **咚**

「是啊。」

「營業所裡有多少人呢？」 ⬇ **咚**

「大約三十人左右吧。」

「咦咦——有三十人？還滿多的耶！」⬇ 噠——！

「沒錯。總公司雖然在東京，但富山才是發祥地。」

「什麼？原來是富山？可以告訴我詳細經過嗎？」

只要對方有所回應，自然就會「越說越多」。屆時再配合對方的說話長度來調整問句的長度。

大招③　分成三～五次問

「你幾歲？」

「三十二歲。」

這是獨一無二的問題，所以沒問題。

但若是「你喜歡哪一類料理」這種問題就太抽象，讓人無法即時回答就會變成：

「你喜歡哪一類料理？」

「硬要說的話，我喜歡重口味的。」

「這樣啊，重口味的啊……」

如同範例，光問一次無法得到期望的答案。**所以請記得，相同的主題，我們要循序漸進分成三～五次問。**

「哦？重口味的嗎？比方說，中華料理？」

「中華料理我也喜歡，但最近剛吃到好吃的御好燒。」

「御好燒！不錯耶。你喜歡哪種口味的御好燒？」

「醬汁濃郁、料又實在的。」

「你喜歡口味濃的，對不對？」

「是的。」

「你有沒有吃過名古屋有名的味噌豬排？味道很濃郁喔。」

「啊啊，我喜歡味噌豬排。」

「下次一起去吃吧！」

光問一次，只會得到「簡潔有力的回應」，所以內容也會「偏向籠統」。不進行確認的話，可能就會出現會錯意的情形，所以後面的問句記得要加入「具體來說」、「比方說」來替雙方對焦。

以對方獨一無二的喜好或經歷為重點去開話題、提問要簡潔有力、相同主題反覆詢問。接著只需透過細膩的回應，就能讓話少的人漸漸敞開心房。

成為無話不談的交情也是指日可待。

CHECK

「簡潔有力」地問「獨一無二的事」，分成三～五次問為佳。

4 用這招引導對方說出真心話

了解對方的情報，巧妙放進對話裡

精準掌握客戶的需求、了解對方交付工作的「真正意圖」是非常重要的事情，只要弄清楚，對方就會誇讚：

「你真的很懂！」

雙方也能一下子拉近距離。那麼，我們究竟該如何讓對方說出真心話呢？

我推薦的做法是，說話時把「點」和「點」連起來。做法是先了解背景和前提再開口，這樣就能把「點」連成「線」，使人恍然大悟，

「原來這件事和那件事，都和這點有關！」

以下用對話例來解說：

「課長，新業務項目的企劃書由我來寫吧。」

「你嗎？你真的懂嗎？」

「我讀了部門經理在公司內部刊物寫的專欄。」

「哦哦，那個啊。」

「上面提到，現在海外事業不好做，我們需要為國內事業注入活力。我想先去找擅長國內行銷的S課長商量，再來研擬企劃。」

「不錯耶，你很懂喔！」

部門經理說過哪些話？企劃的目的是什麼？根據目的應該找誰商量？只要把各項情報的「點」連起來，對方就會認為「你很懂喔」。

「先別說出去，其實呢，部門經理明年要退休。」

「咦！真的嗎？」

「真的，所以你要想出完整的企劃，好讓他放心。」

「我明白了。我會想出超讚的企劃，讓部門經理可以安心退休。」

「麻煩你了。」

為此，我們必須熟記基本情報和最新動態資訊，透過反覆詢問來了解對方，這樣就能把許多「點」連成「線」。

也就是說，說話不要蜻蜓點水只會說「點」，要懂得融會貫通「連連看」。

CHECK

以收集到的情報為基礎來提問，就會被認為你很機靈，凡事一點就通。

說話漂亮，
人生就會無往不利！

5 想要「真的懂得聆聽」，只需掌握一個重點！

你是「表面上很會聽」，還是真的「擅長聆聽」？

「擅長聆聽」又分為「真的懂得聆聽」與「表面上很會聽」兩種。

真正懂聆聽的人，能夠引導對方說出更多話。他們知道該在哪個時機拉開哪個「抽屜」。

他們不只是單純聽人講話，同時還掌握了對話的主導權，這種人就是「真正懂得聆聽」的高手。請看以下對話範例：

「昨天的展覽會怎麼樣？」

「很棒，現場來了很多人。」

「現場人很多嗎？攤位裡的人也很多嗎？」

「我們家的攤位也有人潮喔。」

「太棒了！顧客反應怎麼樣？」

「超讚。」

「現場有展示新產品嗎？」

「沒錯，不過舊產品比較受歡迎。」

「是喔？」

「是啊，令人意外的市調結果。」

相對地，「表面上很會聽」的人就問不出這些情報，他們只是很會「給反應」。

「昨天的展覽會怎麼樣？」

「很棒，現場來了很多人。」

「欸——是喔！」

「我們家的攤位也有人潮喔。」

「哇——這樣啊！」

「顧客反應也很好。」

「原來如此，好厲害！」

「嗯。」

「真的很厲害耶！」

「表面上很會聽」的人，如果遇上「自己很會說」的人，就能有不錯的效果。由於對方本身就善於表達，聆聽者只需要給予附和式的回應，例如：

「咦咦～～～」

「哦哦！」

「是喔！」

這樣就行了。他們不用自己開口，只要適度給反應就能被稱作「很懂得聆聽」。

但是，一旦遇上話少的人，對話就會瞬間中斷。

「真的懂得聆聽」的人不只是單純聽對方說話，還會一邊提問，一邊引導話題。

他們知道對方在意的「點」，了解對方從事工作的「目的」，可以巧妙地把話題的「點」和「點」連在一起，一邊推敲對方的心思一邊提問，成功主導一段對話。

這樣的經驗累積久了，任誰都能成為真正的聆聽專家。

CHECK

聆聽時一邊推敲對方的心思，就能漸漸成為聆聽專家。

6

了解對方的心情，就能贏得莫大的信賴

懂得共鳴的人，會注意這些地方

想要贏得別人的莫大信賴，**就要懂得給予共鳴**。

為此，我們必須了解別人的心情，並且與他們站在同一陣線。

想要了解別人的心情，需要「兩把鑰匙」。

那就是「人生事件」與「日常煩惱」。

好好將這兩把鑰匙放在心上，就能提升共鳴能力。

①首先要注意「人生事件」

「人生事件」包含以下大事：

・出生　・就學　・就職　・結婚　・生子

・育兒　・升遷　・轉職　・退休　・死亡

以及，即使不是這麼重大的事件，但是也很重要的事情，例如「接任新的計畫案」、「部門異動」和「搬家」等。

一旦經歷這些事，「該做的事」與「想做的事」就會增加，心情也容易波動。

請留意週遭的人最近是否有這些生活變動。讀讀看以下對話：

「聽說你家孩子今年開始工作了，恭喜！肩頭的重擔應該減輕了吧？」

這是了解對方心情的兩把重要鑰匙喔。
事件
煩惱
人生事件和日常煩惱嗎⋯⋯

「是啊，拜此所賜，我有了餘裕可以去做自己想做的事。」

「咦！你想做什麼呢？」

「我想週末去大學上課。」

「原來是這樣！」

「我沒上過大學，一直想要體驗看看。」

「你計畫要上多久呢？」

「預計兩年。」

「好棒喔！」

帶小孩很辛苦、升遷很開心、孩子離巢而鬆了一口氣⋯⋯只要想像著對方的心情給予反應，對方就會對你「無話不談」。

尤其是年度交替的時節，人生中有許多

事件正在上演，請特別留意。

②注意每天的「日常煩惱」

所謂日常煩惱，指的是生活中令人傷神的瑣事。

跟「工作有關」的零碎小事有：

- 通勤擠電車很累。
- 被客訴。
- 被上司「釘」。
- 突然要加班。
- 遇到職場霸凌。
- 不適應新工作。

跟「家庭有關」的煩心雜事有：

・先生不幫忙做家事。
・家裡很凌亂。
・小孩不幫忙整理。
・準備晚餐很麻煩。
・忘記倒垃圾。

跟「自己有關」的生活瑣事有：

・睡眠不足。
・身體疲倦。
・肚子餓。
・最近胖了。

就是諸如此類，日常中遇到的小煩惱。

由於它們比人生事件更頻繁發生，所以有些人聽到會說：

「不要為了這種小事心煩！」

然而，目前已知，**由日常小事引發的身心壓力，比想像中還要嚴重**。甚至有調查報告顯示**「日常瑣事比重大事件更能破壞身心健康」**。

提前關心就能立大功

所以，我們要每天觀察別人的態度和語氣，**並且進行試探：**

「你今天怎麼啦？」

「發生什麼事了？」

「這件事是不是先不要提比較好呢？」

訊問狀況之後，就能提前應對。

「喂！今天留下來陪我加班！」

「怎麼了嗎？」

「你沒聽說嗎？早會時，部長不是叫我們完成那項工作嗎？」

「那項工作已經做完了。」

「咦……？」

「我跟部長報告過了。W先生也有一起來幫忙，一下子就做完了。」

「部長有說什麼嗎？」

「什麼都沒說。」

「你……」

在這個例子裡，主角發現前輩從早上就很暴躁，於是主動找部長商量，提前把工作做完了。

「抱歉，我從早上就很暴躁。」
「不會啦，是我多管閒事了。」
「不……真的很謝謝你。我昨天因為一些小事跟父母吵架，今天一早心情很差。」
「原來是這樣啊。」
「不用加班真是太好了，要不要去喝兩杯？」
「不，你今天應該早點回家吧？」
「有道理。」
「下次一定要請我喔。」
「你真貼心。」

觀察別人的日常習性，察覺不對勁就提前動作、主動攀談。能做到這些事，就會被認為「很貼心」。

尤其當對方脾氣暴躁時，不需要過多的建議。用態度和體貼的小動作就能讓人感覺到「那個人懂我」。

如果被稱讚「你真貼心」，就是一百分。

不要光會說「辛苦你了」、「你很忙呢」，在小細節上多留心，並採取相對應的行動，這些日常中的小小幫助，無形中能為自己贏得莫大的信賴。

因此，除了「人生事件」，我們也要多多關心容易引發身心不適（壓力主因）的「日常煩惱」，兩者同等重要。

CHECK

多關心他人的「人生事件」和「日常煩惱」，並且提前行動。

結語

掌握「精準對焦」的說話術，一開口就有好人緣

「工作好難做」、「人際關係不順利」，有這種感覺的人滿街都是。

如果你也有類似感覺，我敢說，百分之百的原因是溝通上的「偏差」造成的。

溝通不順的責任不全在你一人身上。

非但如此，對方應該要負百分之八十的責任。

你就放寬心地這麼想吧。

但是，請不要責怪別人。畢竟，沒有人接受過「修正溝通偏誤」、「使對話主軸重新對焦」的教育。而且大家每一天都過得非常忙碌，必須完成的事情多不勝數，沒有多餘心力改善溝通技巧也是情有可原。

所以，我們有機會能趁早掌握「精準對焦」的討喜說話術，是非常幸運的事。可

以說是越早學會，越快受惠！

本書介紹了「聆聽方式」、「確認習慣」、「提問技巧」與「說話方式」等各種主題。

只要好好按照本書內容逐一練習，就能贏得上司和客戶的莫大信賴，使你在工作上更順心愉快。希望大家都能在生活中確實運用這些技巧，一個個慢慢實踐。

感謝我在執筆期間給予莫大幫助的上江洲安成總編、Subarusya出版社的全體員工，還有我最偉大的責任編輯佐藤由夏女士，她耐心地和我互傳了超過兩百則訊息。沒有她的熱情和堅持，本書絕對無法付梓，在此借用版面致上最高的謝意。

最後，衷心期盼各位讀完本書能有所收穫，進而大大提升自身在市場的競爭力，如果能幫助到讀者，將會是我最開心的事情。

橫山信弘

「討喜的人」99%贏在懂得回話
キミが信頼されないのは話が「ズレてる」だけなんだ

作　　者　橫山信弘
譯　　者　韓宛庭
主　　編　林玟萱

總 編 輯　李映慧
執 行 長　陳旭華（steve@bookrep.com.tw）

出　　版　大牌出版／遠足文化事業股份有限公司
發　　行　遠足文化事業股份有限公司（讀書共和國出版集團）
地　　址　23141新北市新店區民權路108-2號9樓
電　　話　+886-2-2218-1417
郵撥帳號　19504465遠足文化事業股份有限公司

封面設計　FE設計 葉馥儀
排　　版　藍天圖物宣字社
印　　製　中原造像股份有限公司
法律顧問　華洋法律事務所 蘇文生律師

定　　價　380元
初　　版　2024年09月

電子書EISBN
9786267491706（PDF）
9786267491713（EPUB）

國家圖書館出版品預行編目(CIP)資料

「討喜的人」99%贏在懂得回話/橫山信弘著；韓宛庭譯. -- 初版. --
新北市：大牌出版,
遠足文化發行, 2024.09
256面；14.8×21公分
譯自：キミが信頼されないのは話が「ズレてる」だけなんだ
ISBN 978-626-7491-76-8（平裝）
1.說話藝術　2.溝通技巧　3.人際傳播

192.32　　113012426